W0247839

Patrick Kammerer

*Folge den Zeichen*

**SHEEMA**

Patrick Kammerer

# Folge den Zeichen

**Bibliografische Information der Deutschen Bibliothek**
Die Deutsche Bibliothek verzeichnet diese Publikation in der Deutschen
Nationalbibliothek; detaillierte Daten sind im Internet über
http://dnb.ddb.de abrufbar.


1. Auflage 2019 | 2. Auflage 2020
Originalausgabe
Copyright © 2019 Sheema Medien Verlag,
Inh.: Cornelia Linder, Hirnsbergerstr. 52, D - 83093 Antwort
Tel.: +49 (0)8053 – 7992952
https://www.sheema-verlag.de
Copyright © 2019 Patrick Kammerer


ISBN 978-3-948177-00-3


**Frontcover und Autorenfoto:** © 2019 Steffi Blochwitz, nordlichtphoto.com
**Backcover:** © Angela Cable, fotolia.com
**SEOM-Logo:** © Jimmy Behind, **Foto Seite 8 + 222:** © 2019 Steffi Blochwitz
**Lektorat:** Susanne Hülsenbeck
**Umschlaggestaltung:** Sheema Medien Verlag, Schmucker-digital
**Gesamtkonzeption:** Sheema Medien Verlag, Cornelia Linder
**Druck und Bindung:** FINIDR, s.r.o., Český Těšín

*Dir gewidmet*

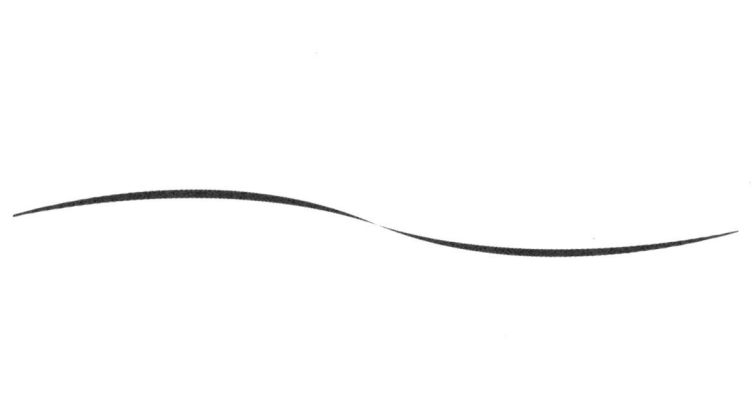

# Inhalt

# Vorwort

*Das Leben ist voller Magie,*
*das sollte reichen!*

# Einfachheit

Ich liebe einfache Dinge!

Ich glaube, dass es das Leben auch so sieht.

Kinder leben es vor, die Natur lebt es vor und der Kosmos lebte
es schon immer vor.

Wir vergessen oft, dass es wirklich einfach gehen darf und wir
ein leichtes Leben führen dürfen.

Was gibt es Einfacheres, als Zeichen zu folgen?

Es ist so wunderschön befreiend, zu erkennen, dass das Leben
dir Zeichen für deinen Weg sendet und dir somit einen goldenen, leuchtenden Pfad durch die vermeintlichen Irrwege kreiert.

Deine Aufgabe besteht darin, jene Zeichen zu erkennen und
ihnen voller Mut zu folgen.

Sie werden dich leiten, tragen, behüten und zu immer noch
schöneren Wegen führen.

Lass dich darauf ein und genieße das Abenteuer deines Lebens.

Lass die Einfachheit wieder zu, und genieße das Spiel.

Folge deinem Herzen und der Freude.

Folge den Zeichen!

# Die einmalige Idee dieses Werkes

Das Leben leitet mich auf magische Weise, seit ich fühlen kann.

Ab dem Zeitpunkt, zu dem ich mich vollkommen darauf ein-
ließ, vollzogen sich immer mehr Wunder, und meine Erfahrungen gleichen seither dem Drehbuch eines großen, zauberhaften
Abenteuers im Meer der Möglichkeiten. Ich folgte den Zeichen
und wurde reicher beschenkt, als ich ahnen konnte.

Genau daran möchte ich dich teilhaben lassen.

Lange überlegte ich, wie ich dieses Buch für dich gestalten
möchte.

In meinem letzten Werk „Feel Go(o)d" legte ich in der Sprache
meines Herzens vieles dar, was ich dir über die universellen Gesetzmäßigkeiten sagen wollte.

Viele meiner Leserinnen und Leser gaben mir das Feedback, dass
sie von meinen persönlichen Erfahrungen, den Geschichten aus
dem Leben und den alltagsnahen Beispielen meines letzten Buches ganz besonders berührt waren und diese als sehr hilfreich
empfanden.

Nachdem ich in den vergangenen drei Jahren gefühlt mehr erlebte als in den zehn Jahren davor, lag der Gedanke auf der Hand, dich an all dem teilhaben zu lassen.

Ehrlich, tiefgreifend, inspirierend und humorvoll!

# Meine große Reise

Anstatt ein theoretisches Buch über die Anwendung bestimmter Erfolgsmethoden oder Werkzeuge für ein glückliches Leben zu verfassen, möchte ich dich mitnehmen auf eine Reise voller großartiger, echter und berührender Erfahrungen.

Eine Reise voller Liebe, Lektionen, Demut, Dankbarkeit und Magie. Ja, Magie! Dieses Wort tauchte oft auf jener Reise auf, begleitete mich so treu wie kaum ein anderes, und am Ende des Buches wirst du verstehen, warum.

Auch du sollst und wirst jene Magie in deinem Alltag erfahren und jeden Tag voller Dankbarkeit zelebrieren können. Innerhalb aller Kapitel möchte ich dir kleine, praktische Inspirationen für dein eigenes Leben, deine Träume, deine Sehnsucht und deine Glückseligkeit mitgeben. Manchmal als direkte Übung, manchmal als Einladung und manchmal zwischen den Zeilen versteckt. Die Zeichen finden sich, wie im direkten Leben, ganz unverblümt vor deinem Auge, doch bleiben sie oftmals so lange unsichtbar, bis wir uns ihrem Glanz öffnen.

Vielleicht kennst auch du das Gefühl, vollkommen eins zu sein, geführt zu werden und in einer schier unfassbaren Leichtigkeit durch das Leben zu gleiten. Oftmals erfahren wir solche Momente nur kurz, während die Last des Alltags unsere Schritte schwer wirken lässt. Ich möchte dir bei deiner Umkehr behilflich sein – bei deiner Umkehr in ein leichtes Leben voller Freude.

Kannst du dich noch erinnern, als du das letzte Mal mutig einem Zeichen gefolgt bist und zum nächsten geführt wurdest? In solchen Momenten scheint es, als sei alles direkt verbunden und jene Verbindung zwischen den Dingen schien nur darauf gewartet zu haben, von dir entdeckt zu werden: Ein Buch scheint dich leuchtend aus dem Regal anzuziehen und du liest darin ohne besonderen Grund. Dieses Buch führt zu einem Gespräch mit einem Menschen, das Gespräch führt dich an einen bestimmten Ort und dieser Ort macht dich mit einer neuen Erfahrung oder wertvollsten Erkenntnissen vertraut. Es ist wie eine unsichtbare Linie, die alle sichtbaren Elemente des Lebens verbindet, um dich in mystische Geheimnisse einzuweihen. Genau diese Art von synchroner Fügung hängt von unserer Schwingung und von unserer Wahrnehmung ab.

Wenn wir lernen, ihr zu folgen, offenbart sich eine tollkühne und fantastische Reise in ein Land voller Freude und wahrer Leichtigkeit. Davon erzähle ich dir …

Das Besondere an diesem Buch ist wohl die Ehrlichkeit und unverblümte Direktheit meiner Worte in allen Geschichten. Mein Herz kann glücklicherweise nicht anders, als dir in aller Offenheit von seinen Erfahrungen zu berichten. Somit bekommst du bewegende Fügungen von schier unglaublichen Momenten, Geschichten aus der Musikindustrie, der spirituellen Szene, der Medienwelt und natürlich aus dem alltäglichen Leben zu lesen. Es wird sehr berührend, freudig, humorvoll und teilweise auch kritisch – eben aufrichtig, wie das Leben selbst.

Ich möchte mich dir präsentieren, wie ich bin.

Du darfst und sollst aus meinen Fehlern, wie auch aus meinen Erfolgen lernen und dich angesprochen fühlen. Ich möchte dir meinen Weg beschreiben, um dich auf deinem Weg zu inspirieren, zu begleiten und zu bestärken. Ich kann nicht sagen, ob ich alles richtig mache, aber eines kann ich sagen: Ich weiß, wie man seinen Weg geht!

Mit offenem Herzen, voller Mut, Hingabe und Vertrauen.

Ja, das weiß ich!

Seit mittlerweile 35 Jahren trainiere ich mich, meinen eigenen Weg zu gehen und meinem Herzen bedingungslos zu folgen. Dies mag einfach und ein wenig abgedroschen klingen, ist es in der heutigen Zeit aber keineswegs. Es ist vielmehr ein nie endendes Abenteuer eines liebenden Piraten in den Fluten der Meere aller Möglichkeiten. Nur wird unseren wilden, freien Herzen immer wieder vermittelt, dass es solche Meere nicht gäbe, und man will uns in den Zwängen der Normalität gefangen halten. Genau hier beginnt mein Auftrag: die Illusion zu durchbrechen und das wilde, ungezähmte, freie und vor Fantasie strotzende Kind in dir zu befreien.

Es ist tatsächlich eine Art Training, in einer solch angepassten Welt wie der unseren wirklich du selbst zu sein, und ich begleite viele Menschen auf genau diesem Weg.

Auch wenn ich noch jung scheinen mag, so durfte ich doch schon einiges lernen und erfahren. Ich möchte dir in diesem Buch Impulse geben, die dir dabei helfen können, dich immer weiter zu entfalten und du selbst zu sein. Das ist der Anfang, der Beginn einer neuen Reise und vielleicht auch der Beginn einer sanften und bahnbrechenden Veränderung in deinem Leben.

Begleite mich voller Freude durch das Abenteuer der eigenen Befreiung.

Bist du bereit? Dann gehen wir los – offen und mutig.

Lass uns den Zeichen folgen …

# KAPITEL 1

# Entscheide dich

*Entscheide dich, wie ein japanisches Schwert,*
*und verweile nicht versteckt im Trojanischen Pferd.*

SEOM

# Wo beginnt Geschichte?

Ich möchte dich zu Beginn meiner Geschichte genau dort abholen, wo sie bei meinem letzten Buch endete. Ich veröffentlichte mein Album „Spirit" sowie das zugehörige Buch „Feel Go(o)d", folgte meinem Herzen voller Hingabe und glaubte mit jeder Faser meines Seins an alles, was ich mir erträumte.

Auf dem weiteren Weg erlebte ich unermesslich viele Wunder und großartige Begebenheiten, machte höchst lustige sowie lehrreiche Erfahrungen und erlebte vor allem eines: Ich lernte den Zauber meines Herzens immer tiefer kennen. Daran lasse ich dich teilhaben mit allen Aspekten, die dazugehören. Es wäre ein Leichtes, dir den Weg in all seinen positiven Facetten aufzuzeigen, doch ich möchte dir auch von den schwierigen Momenten erzählen, um dich zu inspirieren und dir Mut zu machen. Ich zeige dir beide Seiten. Nur so wachsen wir, nur so lernen wir und nur so erfährst du mich und dich selbst als das, was wir sind: atmende, wachsende und lernende Wesen!

# Du bist frei!

Bevor ich mich mit dir jedoch weiter auf meinen Weg mache, lass uns gemeinsam noch einmal weit zurück in meine Vergangenheit blicken:

Als ich klein war, sagte ich meinem Onkel, dass ich komplett frei sein wolle, wenn ich einmal erwachsen bin. Er antwortete mir, dass beides gleichzeitig wohl nicht möglich sei und lächelte mich sanft an. Was er damit meinte verstand ich erst sehr viel später. Dennoch versuche ich täglich, das Gegenteil unter Beweis zu stellen.

Wenn wir das, was uns von der Gesellschaft als „erwachsen sein" vermittelt wird, wirklich erreichen möchten, wird es sehr schwer sein, wirklich frei zu leben. Erwachsen zu sein bedeutet hierzulande oftmals ernst, bedacht und stets vernünftig zu sein. Aus irgendeinem Grund weigerte sich ein Teil in meinem Inneren stets, diesen Weg zu gehen. Also blieb ich ein kindlicher Pionier, ein Quatschkopf, mal mehr, mal weniger – doch immer mit einer gehörigen Portion Unfug im Kopf.

Irgendwann einmal merkte ich, dass ich mich immer wohler fühlte, wenn ich diesem freien, unverblümten, kleinen Piraten in mir folgte. Also etablierte ich nach und nach eine Lebenshaltung, die dem Kind in mir immer gerechter wurde. Ich fing an, mich nur noch so anzuziehen wie ich wollte, auch wenn ich bis heute dadurch in Restaurants, Meetings oder öffentlichen Einrichtungen verwirrte Blicke auf mich ziehe.

Ich begann zu singen und zu balancieren, zu springen, zu pfeifen und zu tanzen, wann mir danach war, und ich fing vor allem an, meine eigenen Grenzen neu zu definieren.

*In einer Welt, in der die meisten dich verändern wollen,*
*ist die größte Kunst, dem eigenen Herz zu folgen.*

SEOM

Wir sind so sehr daran gewöhnt, den anderen gefallen zu wollen, dass wir oftmals vollkommen vergessen, was uns selbst gefällt. Wir wissen, was unsere Partner sich wünschen, was unsere Eltern gerne hören möchten und welche Vorlieben unsere Freunde haben. Wir wissen so viel über die Bedürfnisse der anderen, dass wir unsere eigenen dabei aus den Augen verlieren. Ich spreche hierbei nicht von der Entscheidung, welchen Film du im Kino sehen möchtest, sondern von der grundlegenden Entscheidung, deinem Herzen zu folgen. Denn was dein Herz leuchten lässt, kannst nur du selbst spüren! Ich spreche von deinem inneren Wissen, welcher Weg für die Entfaltung deines Wesens der stimmige und richtige ist.

Du weißt sehr genau, was in der Welt da draußen gewünscht ist und du weißt, was andere von dir erwarten. Doch was erwartest du wirklich von dir? Was bringt dein Herz zum Leuchten?

Entdecke und erfinde dich neu! Denn erst, wenn du dich selbst beschenkst und liebst, kannst du deinen Gegenüber aus vollem Herzen beschenken und lieben.

# Geschenke

Ich übte und übe dies sehr intensiv durch kleine und größere Geschenke, welche ich mir bis heute selbst mache. Es gab Phasen in meinem Leben, in denen ich mich sehr alleine fühlte und mich unglaublich stark nach einer Partnerin sehnte. In meiner Opferrolle des armen, verlassenen Menschen übersah ich das Offensichtliche: mich selbst!

Wenn ich das Gefühl habe, dass mir ein Mensch Liebe schenken soll, um mich zu erfüllen, liegt es zunächst an mir, jene Liebe zu mir selbst zu kultivieren und mich reich zu beschenken. So sehr und so intensiv, dass ich vor Liebe überfließen könnte. Der Rest folgt von selbst ...

Als ich dies erkannte, übte ich mich darin. Täglich!

Zunächst kaufte ich mir eine Jahreskarte für den Botanischen Garten und verbrachte dort viele Stunden mit mir selbst. Ich führte mir meine Erfolge vor Augen. Ich wertschätzte mich aufrichtig für meine wundervollen Eigenschaften sowie meine Stärken, und ich betrachtete meine Wege, Entscheidungen und Narben voller Dankbarkeit, weil ich wusste, dass sie alle Teile eines großartigen Mosaiks waren. Ich schenkte mir vollste, innere Wertschätzung, Anerkennung, Dankbarkeit und Liebe. Danach beschritt ich die nächste Stufe und machte mir Geschenke in der sichtbaren Welt. Es begann mit Kinobesuchen, mit Saunagängen und mit liebevollen Ausflügen – stets alleine, um mich in der liebevollen Wertschätzung mir selbst gegenüber zu schulen! Nach einigen Monaten fühlte ich mich bereits grandios und wie von Zauberhand verschwanden auch äußere Umstände des Mangels und der Einsamkeit.

Also wollte ich meine geschenkreiche Reise zu mir selbst feierlich krönen!

Ich sparte Geld und buchte einen luxuriösen Wellnessurlaub in einem 5-Sterne-Hotel, selbstverständlich alleine! Es wäre natürlich ein Leichtes gewesen, mit einem Freund ein paar schöne Tage zu gestalten, doch das war nicht Sinn der Sache. Schließlich wollte ich mich im Annehmen meiner eigenen Geschenke üben und mich selbst als wichtigsten Menschen in meinem Leben feierlich anerkennen. Es kristallisierte sich jedoch heraus, dass ich mir eine größere Aufgabe als gedacht gestellt hatte. Zu meinem großen Geschenk zählte nämlich jeden Abend ein 5-Gänge-Menü in einem sehr edlen Restaurant, welches zu meinem Wellnessurlaub gehörte, und nun festlich geschmückt und unglaublich romantisch gestaltet auf mich wartete.

Warst du schon einmal ganz alleine bei einem edlen 5-Gänge-Candlelight-Dinner?

Klingt entspannt, ist es für den Verstand aber nicht direkt. Ich betrat das romantisch dekorierte Restaurant mit all seinen Kronleuchtern und den flackernden Kerzen auf den elegant geschmückten Tischen und mein Verstand drehte vollkommen am Rad. Ich bemerkte nämlich sofort, dass ich der einzige Gast war, der dort alleine war. Um mich herum waren überall Paare, natürlich wirkten alle schwer verliebt und unfassbar glücklich.

Eine nicht besonders freundliche Stimme in meinem Kopf hämmerte von innen mit einem fetten Hammer gegen meine Selbstliebe und sagte unaufhörlich Sätze wie: „Die denken jetzt sicher alle, dass du verlassen worden bist!"

Ich wusste ehrlich gesagt eine geschlagene Stunde lang nicht einmal, wo ich während meines Essen hinsehen sollte und dabei dachte bis zu diesem Zeitpunkt doch, dass ich schon so weit sei. Am Rande erwähnt: So ein 5-Gänge-Candlelight-Dinner dauert lange, sehr lange! In den folgenden drei Stunden war ich vor allem damit beschäftigt, mir Gedanken darüber zu machen, was die anderen Gäste von mir denken könnten, wie ich wohl wirkte, und warum es mir so schwerfiel, dieses Essen nun endlich zu genießen. Ist das nicht verrückt? Es war mein Geschenk an mich selbst und ich war so darauf gepolt, an andere zu denken, dass ich den wichtigsten Menschen in diesem Luxushotel fast vergessen hatte – nämlich mich selbst.

Es hat über 24 Stunden gedauert, diesen Prozess zu lösen.

Letztendlich erkannte ich, dass es dabei nur um mich selbst ging, und dass ich diese Challenge selbst kreiert hatte. Um meinen Verstand sinnvoll zu nutzen, erklärte ich ihm vor dem zweiten Candlelight-Dinner am Folgetag ganz einfach, dass diese Aktion uns sehr viel Geld gekostet hat und wir sie jetzt wenigstens genießen müssen – das sah sogar die Stimme in meinem Kopf ein. Also genoss ich mein großes Luxusessen am zweiten Abend sehr achtsam und in vollen Zügen. Nur für mich selbst, egal, was die anderen denken mochten – reich beschenkt, wie ein König!

*Wenn du die Liebe deines Lebens sehen willst –*

*schau in den Spiegel.*

BYRON KATIE

Wenn wir uns alle wie Königinnen und Könige beschenken, können wir auch aus größter Fülle geben und die Felder der Liebe offen und frei fließen lassen. Sei deine Königin und dein König unter Königinnen und Königen – in einem Reich der unendlichen Liebe, Wertschätzung und Achtung.

Es bereitet so viel Freude, sich selbst zu beschenken, zu loben und zu lieben. Und ja, es kostet auch ein wenig Überwindung, Mut und Hingabe. Sich alleine mit sich zu beschäftigen und liebevolle Ausflüge mit sich selbst zu gestalten, mag sich anfangs ungewohnt und wacklig anfühlen, doch es offenbart dir eine unendliche Fülle an Reichtümern. Du öffnest nämlich das Feld zum wichtigsten Punkt deines Lebens – zu deinem liebenden Herzen.

Mache die Geschenke für dich selbst zu einem heiligen Ritual!

Sei es dir wert. Führe dir deine positiven Eigenschaften vor Augen. Wir sind so sehr daran gewöhnt, unsere Defizite zu betrachten, dass wir oft übersehen, unsere großartigen Eigenschaften wahrzunehmen.

**Eine kleine Inspiration:**

Setze dich auf deinen gemütlichsten Platz und schreibe einmal alles auf, was du an dir schätzt. Alle Eigenschaften, Talente und Fähigkeiten – seien sie auch noch so klein. Verwende dafür am besten ein wunderschönes, besonderes und edles Tagebuch!

Nun schreibe einen Brief an dich und erkläre dir selbst, warum du so großartig bist. Versuche, mindestens eine ganze Seite zu füllen und verfasse für dich selbst eine Liebeserklärung!

Und wenn es dir einmal schlecht geht, lies diesen Brief voller Achtsamkeit!

Lies ihn laut und deutlich – mir hilft dabei übrigens schöne Klaviermusik im Hintergrund.


Für Fortgeschrittene:

Frage einmal all deine Freunde, deine dich liebenden Kollegen und Familienmitglieder, was sie an dir schätzen. Notiere dir alle Antworten und lass sie dir auch gerne begründen. Wenn du alle befragt hast, führst du ihre Antworten zusammen und verfasst noch einmal einen langen, ausführlichen Liebesbrief an dich selbst!

Lass es dir immer besser und besser ergehen!

Versuche, dich selbst voller Güte und Mitgefühl zu behandeln.

Bei jedem Fehler darfst du üben, dich als deine beste Freundin und deinen besten Freund sanft in den Arm zu nehmen und dir zu vergeben.

Übe dich darin, dir immer schneller zu vergeben, und beschenke dich reich!

*Sei freundlich zu dir, besonders dann,*

*wenn andere unfreundlich zu dir sind.*

ROLF MERKLE

Egal, ob du in einer Partnerschaft oder alleine lebst, du kannst auf diese Weise die großartigste Beziehung der Welt aufbauen: die nie endende Liebesbeziehung zu dir selbst.

Diese Beziehung ist so wertvoll, weil sie dich immer stärken und tragen wird. Also liebe dich für alles, was du bist und in dir wahrnimmst. Liebe dich für deine kritischen Gedanken, die harte Stimme in deinem Kopf und für deine Ängste, Zweifel und Sorgen. Wenn du dich dafür liebst, wirst du einen Partner, ein göttliches Wesen, wie du es selbst bist, finden und ihr werdet euch in absoluter Harmonie ergänzen. Ihr ergänzt euch durch eure Bereitschaft zu lieben und zu lernen. Tag für Tag!

Also sei du selbst und beschenke dich reich!

Du bist es wert – du warst es schon immer und wirst es immer sein!

*Du hast die Wahl*

*Schon im Kindergarten, scheinbar heiter aus dem Nichts,*
*hörst du Stimmen hinterfragen, ob du sein darfst, wie du bist.*

SEOM

Erkenne, dass du nicht so leben musst wie bisher. Fange im Geiste neu an und es ergeben sich neue Möglichkeiten. Sei so mutig und kühn, dein Leben, deinen Weg und dich selbst neu zu erfinden!

Du kannst jederzeit neu beginnen! Es ist ein Trugschluss, zu denken, dass der von dir eingeschlagene Weg in Stein gemeißelt sei. Jeden Tag kannst du dich neu entscheiden. Oftmals vergessen wir genau das.

*Wir brauchen nicht so fortzuleben, wie wir gestern gelebt*
*haben. Macht euch nur von dieser Anschauung los,*
*und tausend Möglichkeiten laden uns zu neuem Leben ein.*

CHRISTIAN MORGENSTERN

# Mach dir deine Welt

Immer, wenn mir jemand sagt, dass dies oder das nicht möglich sei, weil man das nicht so mache, ist das für mich ein Zeichen, es erst einmal zu testen.

Ich überschreite liebend gerne Linien, die von Theoretikern gezogen werden, um sie mit dem Zauber der liebevollen Anwendung freudiger Praxis verschwinden zu lassen.

Ich spreche hierbei von den kleinsten Dingen des Alltags, wie der sinnlosen „Benimmregel", dass in Fahrstühlen nicht gepfiffen oder gelacht wird, bis hin zu scheinbar großen Ansichten wie der Überzeugung, man bräuchte für jede Tätigkeit eine Ausbildung.

Natürlich ist es elementar wichtig, als Gehirnchirurg Medizin studiert zu haben, wobei ich mir selbst hierbei mittlerweile nicht einmal mehr sicher bin, doch um ein Buch, Songs oder berührende Musikvideos erschaffen zu können, muss ich, meiner Meinung nach, nicht unbedingt Germanistik, Musik oder Film studiert haben.

Mit genau dieser Weltanschauung tanzte ich also die letzten Jahre wie Pippilotta Viktualia Rollgardina Pfefferminz Efraimstochter

Langstrumpf durch die Welt und erschuf eine liebende Unmöglichkeit nach der anderen, stets zum Wohle der Menschen, versteht sich.

In genau dieser Freiheit beschloss ich, mit meiner Gefährtin Johanna die Welt zu bereisen und alle Musikvideos zu meinen Songs in Zukunft einfach selbst zu drehen. Doch diesem Entschluss ging eine befreiende Erkenntnis voraus.

Genau hier soll unsere Reise beginnen …

# Ändere deine Pläne

Bevor ich mein großes Album „Spirit" veröffentlichte, hatte ich einen großen Traum: Ich wollte mit einem professionellen Filmteam um die Welt reisen und Musikvideos drehen.

Zu jenem Zeitpunkt hatte ich sehr wenig Geld und konnte mir kaum eine größere Reise leisten, somit erschien mir dieses Ziel besonders reizvoll. Damals hatte ich einen Plattenvertrag und durfte mein erstes, großes Musikvideo zum Titelsong „Spirit" an den Externsteinen drehen. Dort lernte ich etwas Elementares: Musikvideos mit einem professionellen Team zu drehen ist nicht unbedingt ein durchgehend entspanntes Vergnügen. Wir drehten 14 Stunden an einem Video, welches am Ende drei Minuten lang dauerte. Zwischen den Filmaufnahmen wartet man sehr lange auf richtiges Licht, sucht die idealen Spots, wird zwischenzeitlich gefühlt hundertmal geschminkt und muss auf unzählige Details achten.

Ich war sehr glücklich, mein erstes, eigenes Musikvideo zu besitzen, jedoch merkte ich langsam, dass mein Traum einen großen Haken haben könnte: Unter solchen Bedingungen um die gesamte Welt zu reisen, könnte vielleicht etwas anstrengender sein als ich dachte.

Also folgte ich den Zeichen.

Ich sah natürlich ein, dass dieser Weg des Videodrehs sinnvoll ist und deshalb oft gewählt wird. Ich verstand auch, dass es der professionellere und scheinbar naheliegende Weg ist. Dennoch entschied ich mich für den bunten, leichten und fröhlichen Weg.

Ich entschied mich dafür, mir das Filmen und Schneiden mit Freude selbst beizubringen und die Welt mit meiner geliebten Gefährtin alleine zu bereisen. Ohne Team, ohne Konzept, doch voller Freude, Vertrauen und Liebe.

Nachdem der Entschluss gefallen war, ging alles ganz einfach.

Wir kauften uns eine Kamera und Johanna filmte mich auf meinen Konzerten, um zu üben. Ich schnitt die Videos und brachte mir alles bei, was ich meiner Meinung nach wissen musste.

Dann beschlossen wir, eine Weltreise zu machen und dem großen Traum Leben einzuhauchen. Wie sich diese Reise finanzierte, erzähle ich dir ein wenig später ... du darfst dich schon jetzt darauf freuen. Das Besondere daran war, dass der ursprüngliche Traum, mit einem großen Team zu reisen, vom Leben selbst optimiert und verzaubert wurde. Zu zweit hatten wir nämlich die allerschönsten Momente auf jenen Reisen und konnten uns die Zeit vollkommen frei einteilen, uns treiben lassen und dem Leben die Zügel ganz und gar frei übergeben.

Zunächst betreute uns eine Filmexpertin aus der Schweiz via E-Mail; sie schnitt auch die ersten Videos für uns und stand uns mit Rat und Tat aus der Ferne zur Seite. Kurz vor der Reise hatte sie sich wie durch Zauberhand gemeldet und uns ihre Hilfe angeboten. So kam es unter anderem zu sehr lustigen Gesprächen. Da sie Film studierte, wies sie uns darauf hin, dass wir ein Drehbuch zu den Musikvideos verfassen müssten. Wir erklärten ihr, dass das nicht ginge, da wir nicht einmal genau wüssten, wo uns das Leben in den jeweiligen Ländern hinführen würde.

Also flogen wir ohne Planung los und reisten voller Freude durch Kolumbien, Panama, Costa Rica, Nicaragua, Kambodscha, Laos, Vietnam und später durch viele weitere Länder. Der Himmel schenkte uns die schönsten Drehbücher der Welt: Lachende Kinder warfen uns in Laos freudestrahlend Blumen entgegen, Seesterne leuchteten vor der Küste Panamas unter uns, Graffiti-Sprüher malten in Kolumbien Bilder für unsere Videos, Kinder pusteten Seifenblasen in den Zügen Sri Lankas für uns und zahlreiche weitere Boten der Fügung zauberten die wundervollsten Bilder für unsere Musikvideos – vollkommen ungeplant und fantastisch schön!

# *Folge den Zeichen*

Wir befanden uns auf einer großen Reise und verbanden unseren Traum mit der Vision, in jedem Land je ein Musikvideo zu drehen. Das Besondere an unserer Reise war, dass wir im Vorfeld wirklich keinerlei Planungen machten. Ich meine wirklich keine! Wir beschlossen, uns führen zu lassen, um für die Wunder, welche auf uns warten sollten, vollkommen offen zu sein. Wir buchten lediglich vier Flüge im Vorfeld, keine Hotels, keine Routen, keine Reiseleiter.

Wir wollten den Zeichen folgen.

Und reisten als erstes nach


## KOLUMBIEN


Ohne ein Wort Spanisch zu sprechen, erschien diese Idee zunächst etwas naiv, stellte sich aber durch die daraus entstehenden Begegnungen und Erlebnisse als höchst erfreulich und wunderschön heraus.

Mitten in Kolumbien sagte Johanna plötzlich zu mir, dass sie einen besonderen Wunsch habe: Sie wünsche sich, die berühmte Sierra Nevada im Urwald Kolumbiens zu sehen und im bergigen Dschungel dieser sagenumwobenen Gegend für eine Weile zu wohnen.

Zunächst meldete sich natürlich unser konditionierter Verstand mit den Worten: „Wie sollen wir das denn anstellen? Wo sollten wir dort leben? Welche Gefahren lauern auf einem solchen Weg? Wie? Wo? Aaah!"

Nach einem sanften „sich in den Raum fallen lassen" entschieden wir uns, einfach den Zeichen zu folgen und zu vertrauen. Wir visualisierten uns zu unserem Ziel und gaben die Gedanken an den Weg voller Hingabe ab. Was dann geschah, war eine Verkettung von fein aufeinander abgestimmten Zeichen.

Einige Stunden später spazierten wir durch die schmale Gasse einer kleinen Stadt an der karibischen Küste Kolumbiens, als Johanna ein Café entdeckte, welches sie auf unerklärliche Weise anzog. Wir schauten durch die Fenster in das Innere des Cafés und uns fiel sofort auf, dass an den Wänden Fotos von Straßenhunden klebten. Johanna liebt Hunde. Also betraten wir das unscheinbare Café, ohne zu wissen, was wir darin eigentlich suchten.

Als ich dir Türe schloss, fiel mir ein Papier auf, das mit einem Stückchen Klebeband dort befestigt war. Es war der Flyer einer Permakultur-Bio-Organic-Farm in der Sierra Nevada Kolumbiens, welche den Namen „Mundo Nuevo" (Neue Welt) trug. Wie gebannt starrten wir auf den Flyer. Am unteren Rand stand die Webadresse einer Homepage, welche wir natürlich sofort im Internet öffneten. Ich fand eine E-Mail-Adresse und sendete direkt eine Nachricht. Auf die Frage, ob wir die „neue Welt" besuchen dürften, kam tatsächlich wenig später eine liebevolle Antwort.

Man erklärte uns, dass dort Aussteiger aus aller Welt in einer Gemeinschaft zum Schutz der Welt, in Verbindung mit einem indigenen Volk und im Einklang mit der Natur mitten in den Bergen der Sierra Nevada lebten. Wir seien herzlich willkommen, bekämen veganes Essen aus den eigenen Gärten und dürften dort liebend gerne wohnen. Die Wegbeschreibung zu jenem Ort ließ ein wenig zu wünschen übrig, doch wir waren nach wie vor voller Vertrauen. Man sagte uns, dass wir in ein Bergdorf namens „Minca" in den kolumbianischen Bergen reisen müssten und von dort aus zu Fuß den Weg in die einsamen Dschungelhügel zur „Mundo Nuevo" finden würden.

Kurzerhand beschlossen wir, uns führen zu lassen, und standen wenig später mit unseren riesengroßen Rücksäcken bei 40 Grad auf einem überfüllten kolumbianischen Marktplatz. Ohne zu wissen, was als Nächstes geschehen würde, sagte ich zu Johanna: „Wie wir jetzt wohl nach Minca kommen?"

In genau diesem Moment fragte eine Stimme hinter mir auf Spanisch: „Bus para Minca?" (Bus nach Minca?) und wir blickten in die strahlenden Augen eines alten Kolumbianers.

„Si, si", erwiderten wir voller Freude.

Mit den Worten: „Vamos, Amigos", schob er uns voran und ehe wir uns versahen, saßen wir in einem Pick-Up und fuhren in Richtung des kolumbianischen Hochlandes. Ab und zu dachte ich mit einem Schmunzeln an meinen geliebten Großvater und daran, was er wohl sagen würde, wenn er wüsste, dass wir gerade in einem fremden Auto durch Kolumbien fuhren, ohne zu wissen, wo unsere Reise wirklich hinführen würde.

Einige Stunden später kamen wir tatsächlich in Minca an. Wir fragten die Einheimischen, wo wir die „Mundo Nuevo" finden können, und bekamen einen schmalen Pfad in die Hügel des Dschungels gezeigt. Während des sehr anstrengenden und höchst aufregenden Aufstiegs durch den Dschungel durften wir uns natürlich immer wieder fokussieren, denn wiederholt hörten wir ohrenbetäubendes Gebrüll um uns herum, sahen aber keine Tiere. Wir dachten sofort an große Raubtiere. Ein sehr seltsames Gefühl.

Später erfuhren wir, dass es sich um Brüllaffen handelte, welche zu den lautesten Tieren des Dschungels zählen und in den Wipfeln der Bäume hängen. Wenn du zu zweit über viele Stunden durch den unbekannten Dschungel marschierst, viele laute Tiere hörst, jedoch nicht siehst, und den Weg höchstens durch vorbeireitende Kolumbianer auf Eseln bestätigt bekommst, schaltet sich der Verstand gelegentlich ein.

Doch die Zeichen waren unverkennbar und unsere Herzen sangen die meiste Zeit vor Freude und Vertrauen. Nach unglaublich schönen Pfaden durch das ewige Grün des Landes kamen wir nach einigen Stunden tatsächlich mitten in „Mundo Nuevo" an.

Wir wurden aufs Herzlichste empfangen und erlebten fernab der Zivilisation einen traumhaften Einblick in den Alltag der dort lebenden Aussteiger. Die Ausblicke in die Natur waren so atemberaubend, dass es schwerfällt, die richtigen Worte zu finden.

Grüne Dschungelhügel, soweit das Auge reichte. Nebelfelder, welche sich durch die grünen Täler nach oben bewegten und einem das Gefühl gaben, man könne sie mit den Fingern ertasten, Wasserfälle, riesige Vögel und eine Stille, wie ich sie selten zuvor wahrnehmen durfte.

Nahe der Permakultur-Farm lebten die Kogi, eine der letzten lebenden Zivilisationen aus der Welt der Inka und Azteken. Ihre Dörfer blieben bislang unberührt von der Welt und wir hatten die einmalige Chance, ihnen begegnen zu dürfen.

Wir hatten es geschafft.

Nur Stunden, nachdem Johannas Gedanke ausgesprochen war, saßen wir, von purem Glück erfüllt, mitten im Dschungel Kolumbiens. All das geschah letztendlich durch die Entscheidung, einem Gefühl zu folgen und ein Café zu betreten.

Wir waren den Zeichen gefolgt und wurden von einem Hinweis zum nächsten geführt. Eine Verkettung führte zu einer weiteren, und in einem sagenhaft wirkenden Zusammenspiel von Begebenheiten, Personen und Impulsen wurden wir genau dorthin geführt, wo wir sein wollten und sollten.

Ein wahres Kunstwerk!

# KAPITEL 2

# Folge deinem Mut

*Jeder erzählt Dir, was Du tun sollst und was gut für Dich ist.*
*Die wollen aber nicht, dass Du Deine eigenen Antworten*
*findest. Die wollen, dass Du an ihre glaubst.*
*Ich will, dass Du damit aufhörst, deine Informationen*
*von draußen zu holen, und dass Du anfängst,*
*sie Dir von innen zu holen.*
*Die Menschen haben Angst, in sich rein zu sehen.*
*Das ist aber der einzige Ort, wo sie das finden,*
*was sie brauchen.*

PEACEFUL WARRIOR

Kennst du das?

Jeder erzählt dir, was möglich sei und was nicht. Zahlreiche Experten erklären dir, dass bestimmte Dinge nicht so einfach seien, wie du denkst und deine Sichtweisen allgemein zu naiv.

Ich persönlich habe dies mein halbes Leben lang von Lehrern und sogenannten Experten gehört. Als ich beschloss, meine eigene Plattenfirma zu gründen, mich selbst zu managen und nur aus freudiger Kreativität heraus zu erschaffen, sagten mir sehr viele Personen, dass dies ohne professionellen Plan nicht funktionieren würde.

Ich tat und tue es trotzdem ... übrigens mit viel Freude und auch mit Erfolg!

Genauso erging es Johanna und mir, als wir beschlossen, all diese schönen Musikvideos selbst zu filmen, zu schneiden und zu bearbeiten. So viele Menschen sagten, dass es nicht möglich sei ... und dennoch funktionierte es!

Ich setzte mich viele Stunden vor meinen Laptop und fand heraus, wie man Musikvideos schneidet, übte dies jede Woche an meinen kleinen Tourvideos, welche du auf YouTube findest.

Johanna und ich filmten und folgten einfach unserem Gefühl für Schönheit. Sicherlich missachteten wir dabei einige filmtechnische Regeln, machten bestimmt einige Anfängerfehler, welche uns nicht bewusst waren und so mancher studierte Kameramann würde uns den Kopf abreißen wollen ... und dennoch lieben wir es!

Warum ich dir das alles erzähle?

Weil ich glaube, dass wir uns alle sehr oft durch bestimmte Vorstellungen limitieren. Wir denken zu oft, dass die Dinge zu groß, zu schwierig und zu unmöglich seien. Wir denken daran, dass Profis die Dinge besser können, und fühlen uns klein. Wir denken an unsere Lehrer, die unsere Fehler rot markierten und uns erklärten, dass wir nicht die Besten sind … und somit hören wir auf, Dinge zu versuchen, mutig auszuprobieren und uns selbst immer wieder neu zu erfinden.

Das finde ich schade. Nicht nur, weil du dich dadurch klein hältst, sondern vor allem, weil der Welt dadurch geniale Ideen, Schöpfungen und Projekte vorenthalten werden.

Also trau dich!

Erschaffe Dinge und probiere dich mutig aus.

Jeder Experte hat einmal klein angefangen, und den Träumern gehörte schon immer die Welt. Vor allem jenen Träumern, die ihre Visionen mit wachem Geist und strahlenden Herzen leben.

# Teile Aufgaben und verdopple deine Freude

Irgendwann einmal kam auch ich an einen Punkt, an dem meine Methode der kindlichen Betrachtung ihre Grenze fand. Diese konkrete, mehr oder weniger reale Grenze hat sogar einen ganz direkten Namen. Sie nennt sich: Deutsches Finanzamt!

Nachdem ich mit meiner Musik, meinem Buch „Feel Go(o)d" und meinen Konzerten immer größere Erfolge feiern durfte, war es sehr schnell an der Zeit, ein Gewerbe anzumelden und eine Firma zu gründen. Also gründete ich voller Freude und Stolz mein eigenes, kleines Unternehmen mit dem Namen „SEOM Music". In meiner bunten und dezent naiven Welt war somit alles erledigt, bis mir mein geliebter Vater erklärte, dass ich es nun mit den Aufgaben einer ordnungsgemäßen Buchführung, Steuererklärung und vielen weiteren, sehr trockenen Feldern zu tun hätte. In den ersten Tagen fühlte ich mich hilflos, überfordert und schon fast deprimiert. Ich wollte doch einzig und alleine Musik machen, schreiben, die Menschen berühren und großartige Konzerte geben. Gerne zahle ich Steuern, dass war nicht das Problem. Das Problem bestand darin, dass ich meine wertvolle Zeit nicht mit Aufgaben verschwenden wollte, die mich unter Stress setzen und mir keine Freude bereiten.

Erst nach ein paar Tagen kam ich auf die Lösung. Ich habe verstanden, so simpel und kindlich es auch klingen mag, dass wir nicht zwangsläufig Aufgaben nachgehen müssen, die uns nicht erfreuen. Es gibt nämlich Menschen, die sich liebend gerne mit Zahlen und Paragraphen befassen. Glücklicherweise habe ich einen solchen liebevollen Menschen direkt in meiner Familie und durfte jene Aufgabe voller Dankbarkeit an meinen geliebten Vater abgeben!

Mir ist bewusst, dass sich nun vielleicht viele Leserinnen und Leser denken: „Was für eine bekloppte Erkenntnis – ist doch klar, dass es so läuft." Doch hier denke ich, dass es eben nicht allen Menschen klar ist. Wie viele von uns quälen sich mit Aufgaben, die ihnen einfach nicht liegen und sprechen aus Unsicherheit nicht darüber. Wenn dir Mathe, Buchführung oder Logistik einfach nicht liegen, dann ist das vollkommen in Ordnung. Du darfst dir sofort einen Experten suchen, der diese Aufgaben gegen einen fairen Ausgleich für dich übernimmt. Das schenkt dir und deiner Umwelt sehr viel Freiheit und Freude!

Du musst nicht alles können!

Mache das, was du kannst, so leidenschaftlich und diszipliniert wie nur möglich. Das, was du nicht kannst und was dir keine Freude bereitet, darfst du liebend gerne an Menschen, die es gerne tun, übergeben! So einfach ist das.

# Erwache zu deiner eigenen Stärke

Wenn wir klein sind, wird uns von allen Seiten erklärt, was wir zu unterlassen haben. Speziell unsere vermeintlichen Fehler werden uns durch Kritik und Strafen sehr schnell vor Augen geführt. Durch diese Erfahrungen verlieren viele von uns den Glauben an die eigenen Fähigkeiten und haben später große Probleme, sich so anzunehmen, wie sie sind. Egal wie viel wir leisten, oftmals bleibt das bittere Gefühl zurück, nicht zu genügen. Wir sind und bleiben vollkommen und absolut wundervoll, was jedoch oft vergessen wird.

Sobald wir erkennen, dass nichts und niemand uns in unserem Sein limitieren kann, sind wir frei! Meine ganz persönliche Erfahrung hierzu liegt in der einfachen Erkenntnis, dass ich der Träumer und Traumtänzer sein darf, der ich schon immer war. Bevor ich von Lehrern und anderen Personen hörte, dass etwas nicht mit mir stimmte, war da ein kleiner, sich liebender Junge, der sich vollkommen sicher war, dass er perfekt ist, wie er ist.

Genau dieser Junge ist noch da. Nachdem es weder Zeit noch Raum, sondern einzig und allein das Jetzt gibt, liegt es bei mir, mich jetzt darauf zu konzentrieren, dass ich vollkommen bin.

Genau das bist du auch!

Erinnere dich an deine Vollkommenheit.

Nichts an dir ist falsch! Nichts an dir ist nicht liebenswert. Du bist großartig!

Wenn du das erkennst, erwachst du! Du erwachst aus einem Zustand der Unsicherheit, des Zweifels und der Selbstkritik zu der Frau oder dem Mann, die oder der du bist.

Ein wunderschönes Geschöpf!

Du kannst dich jetzt dazu entscheiden!

# Sei achtsam!

Wie ich in meinem letzten Buch ausführlich beschrieben habe, ist es für mich von enormer Wichtigkeit den kleinsten Dingen mit Größe zu begegnen und ihren Wert vollkommen anzuerkennen. Hierin liegt für mich ein wichtiger Schlüssel für Erfüllung. Achte auf die kleinen Dinge!

Seien es die kleinen Blumen am Wegesrand oder die kleinen Aufgaben, welche uns zuteil werden. Wir können nicht erwarten, dass uns große Aufgaben und Möglichkeiten übertragen werden, wenn wir uns weigern, kleine Aufgaben mit Größe zu vollbringen.

Diese Erkenntnis beginnt im privaten, familiären Bereich, zieht sich durch unsere Arbeitswelt durch und findet sich natürlich auch in der Verwirklichung unserer Träume wieder.

Gewiss möchte jeder sofort zu den vermeintlich großen Momenten, den spektakulären Chancen und den gigantischen Aufgaben geführt werden, jedoch werden wir oft auf sanfte Art darauf vorbereitet. Oder anders gesagt: Wir dürfen unsere Fähigkeiten, unsere Güte und unsere Dankbarkeit zunächst im Kleinen unter Beweis stellen.

# Größe zeigen

Es war vor ungefähr drei Jahren, als mich meine geliebte Verlags-chefin Cornelia Linder anrief, um mir vorzuschlagen, bei einem großen spirituellen Festival aufzutreten und dort einen Verkaufs-stand zu mieten, um mein Buch vorzustellen. Sie bot mir an, sich um die Organisation zu kümmern und den Veranstalter des Fes-tivals zu kontaktieren.

Es handelte sich um das One Spirit-Festival. Da der Veranstalter mich und meine Musik noch nicht kannte, bot er uns zunächst einen sehr frühen, um nicht zu sagen (aus künstlerischer Sicht) ungünstigen Slot mit einer Auftrittszeit um 10.00 Uhr morgens an. Um diese Zeit, zu der ich normalerweise gerade meine Yoga-übungen absolviere oder mich in einer Meditation befinde, sollte ich also mein Konzert geben. Wie viele Menschen würden über-haupt ein Konzert um 10.00 Uhr besuchen?

All diesen Gedanken zum Trotz übte ich mich in Dankbarkeit und Vorfreude auf das anstehende Konzert. Ich nahm mir vor, meinen Auftritt so zu gestalten, als wäre es abends um 22.00 Uhr und der Raum bis zum Rand gefüllt. Wie erwartet, zog es leider tatsächlich nicht sonderlich viele Zuhörer in den Saal, und so durfte ich vor sehr wenigen Besuchern und maximal drei gefüllten Sitzreihen spielen. Dass die restlichen 30 Reihen und Logenplätze leer blieben, blendete ich einfach aus und konzentrierte mich mit all meiner Hingabe darauf, die anwesenden Gäste in höchstem Maße zu berühren. Es war mein Ziel, sie von ganzem Herzen zu bewegen und ihnen ein großartiges Konzert zu schenken! Ein Konzert, wie ich es vor tausend Menschen spielen würde.

Alle Zuhörer waren hellauf begeistert und schenkten mir frenetischen Applaus. Dass auch der Veranstalter des Festivals anwesend war, war mir nicht aufgefallen. Nach dem Auftritt fragten mich einige Menschen, die morgens nicht dabei sein konnten, ob ich nicht noch ein Konzert geben könne. Ich entschied mich spontan, wie ein Straßenmusiker im Park auf einem Fußweg hinter dem Festivaleingang ein Gratis-Konzert zu geben. Und wieder spielte ich wie vor einem großen Publikum voller Hingabe.

Dabei beachtete ich weder, wie dies wirken könne, noch befasste ich mich mit dem Gedanken, ob ich als Künstler mit 18 Jahren Bühnenerfahrung nicht „zu fortgeschritten" für eine solche Aktion sei. Ich tat es aus Freude und aus Liebe!

Es bildete sich eine größere Menschenmenge, und die Zuhörer gaben mir ein bewegendes Feedback.

Dann erhielt ich direkt ein weiteres, unerwartetes Geschenk für meine Hingabe! Der Veranstalter des Festivals sprach mich an und erklärte mir, dass ihm meine Auftritte so gut gefallen hätten, dass er mich gerne im folgenden Jahr zur besten Spielzeit am Abend buchen wolle. Dies tut er übrigens bis heute und wir arbeiten voller Freude und Wertschätzung zusammen.

Ich möchte dich mit dieser Geschichte dazu motivieren, immer dein Allerbestes zu geben. Nicht nur, wenn du etwas zu erwarten hast, sondern aus Prinzip! Widme dich den Aufgaben stets voller Hingabe und Leidenschaft, egal wie klein sie erscheinen mögen!

Wenn du dich dazu entschließt, es zu deiner stillen Mentalität machst und aus Überzeugung handelst, wirst du erstaunt sein, welch großartige Möglichkeiten sich dir präsentieren werden.

# Stufen

Viele Menschen möchten von einer 1-Zimmer-Wohnung direkt in eine luxuriöse Villa umziehen, vom Erdgeschoss direkt in die Präsidenten-Suite. Vertraue mir bitte, wenn ich sage, dass du das nicht wirklich willst. Warum? Du wärst den Anforderungen, welche sich auf einmal ergeben würden, dem Stress und der Verantwortung eines solchen Lebens nicht gewachsen. Du darfst zunächst selbst wachsen! Du darfst lernen, mit den Anforderungen, Aufgaben und der Verantwortung weise umzugehen, deine Kraft einzuteilen und auf dich zu achten.

Gott, das Universum oder wie du es nennen magst, sind so gnädig und weise, dass sie dich über Stufen zu deinem Ziel lenken. Stufen, die dich wachsen und reifen lassen. Du wirst nicht mit dem Aufzug nach oben geschickt. Du darfst wachsen und deine Stärke erhöhen. Dies geschieht, damit du dich und deine Kräfte selbst entwickeln kannst. Stufe für Stufe wirst du stärker und deine Größe entfalten. Mit jeder Stufe steigt auch deine Dankbarkeit und deine Demut bezüglich des gesamten Weges.

Wenn du einen Traum hast, möchte ich dich von ganzem Herzen bitten, immer und immer wieder in das Vertrauen zu gehen, dass er wahr werden wird. Solange du gehst und daran glaubst, werden sich Himmel und Erde für dich bewegen, um deine Vision wahr werden zu lassen. Davon kann ich dir ein Liedchen singen … wie du weißt!

Gönne dir Pausen, setze dich nicht unter Druck. Gehe langsam, aber geh. Wenn du hingebungsvoll und sanft an dich und deine Vision glaubst, werden sich Tore öffnen und Begebenheiten für dich arrangiert werden. Glaube daran und entfalte dich!

Nach einem großen Konzert, auf dem ich diese Gedanken teilte, bekam ich ein sehr wertvolles Feedback einer großartigen Frau. Sie sagte sanft und liebevoll, dass nicht jeder Mensch einen großen Traum hat oder diesen braucht. Dies ist absolut richtig! Wenn du glücklich in deinem Feld bist, keine große Vision anstrebst und im Hier und Jetzt voller Freude lebst, dann bleibe genau dort!

Ich richte meine Worte so oft an die Träumerin und den Träumer in dir, da dies einfach ein großer Teil meines Weges ist und ich den zaghaften Träumern in uns immer und immer wieder Mut machen möchte. Dennoch ist es elementar zu wissen, dass nichts so heilig ist, wie der gegenwärtige Moment im Jetzt, frei von Wünschen und dem Verlangen nach Optimierung!

# Möglichkeiten statt Hürden

Erkenne in allen Dingen Möglichkeiten statt Hürden.

Betrachte jeden neuen Morgen als Möglichkeit.

Die Möglichkeit, deinem Traum ein Stück näher zu kommen, die Möglichkeit, zu lernen und zu lieben.

Die Möglichkeit, Wunder zu erfahren und Zeuge von magischen Fügungen zu werden.

Erkenne stets die Möglichkeit!

So viele Menschen erwachen morgens und machen sich Sorgen. Meiner Meinung nach ist dies zu großen Teilen eine Frage der Gewohnheit. Viele Menschen funktionieren wie auf Autopilot und sehen zunächst Schwierigkeiten, Hürden und mögliche Gefahren hinter Chancen. Mache es dir zur Gewohnheit, stets die Möglichkeit zu sehen. Deine Möglichkeiten sind unendlich und alleine die Geschichten von so vielen großen Persönlichkeiten zeigen uns, wie vielfältig und wundervoll das Leben jene beschenkt, die ihre Möglichkeiten sehen.

Überlege dir nach dem Aufwachen nicht, was du zu tun *hast*, sondern was du tun *kannst*.

Erkenne die Möglichkeit.

Jeder Tag birgt die Chance, dir große Wunder zu schenken.

Erwarte sie und achte auf die Möglichkeit.

Bleibe wach und achtsam.

# Erkenne die Magie

Jene Chance der Achtsamkeit liegt natürlich nicht nur in unseren Aufgaben.

Sie liegt in der Betrachtung der gesamten Welt.

Immer und überall!

Du kannst alles und jeden mit den leuchtenden Augen der wahren Achtsamkeit betrachten und wirst schnell feststellen können, wie die Dinge sich verändern. Es scheint dann, als ob sich ein unsichtbarer Schleier lösen und die wahre Schönheit aller Dinge freilegen würde. Was es auch sein mag: Jede Blume, jeder Weg und jeder Gegenstand wird strahlen und dich mit seiner leuchtenden Präsenz verzaubern. Jeder Pfad wird ein neuer sein. Jede Straße wird farbiger scheinen, jeder Wald wird grüner leuchten und die Wiesen bunter blühen.

Du wirst in den Augen von vermeintlich Fremden einen berührenden und dir bekannten Glanz verspüren, der dir einen wärmenden Strahl der sanften Freude schenken wird.

Blicke achtsam auf die Welt, und sie wird sich dir erstmals wirklich zeigen!

# KAPITEL 3

# Sei du selbst

*Du bist ein Unikat, wieso folgst du dem Strom?*
*Erschaffe deine Komposition.*

SEOM

Nun möchte ich ganz bewusst ein paar Schritte zurückgehen und dich mit mir zusammen ein paar Jahre in die Vergangenheit blicken lassen – in eine Zeit lange vor meinem musikalischen Erfolg sowie der Weltreise.

Wenn du die Zusammenhänge der Fügungen in diesen Zeitabständen siehst, wirst du, genau wie ich, staunend und andächtig lächeln.

# Einzigartigkeit

Als du zur Welt kamst, warst du tief verbunden und gewissermaßen bereits formvollendet. Du wurdest aus einer Zelle geformt, mit einem perfekten Kompass in deiner Brust ausgestattet und warst vor allem eines: einzigartig!

Vielleicht warst du dir deiner Einzigartigkeit noch nicht vollkommen bewusst, doch schon damals lebtest du jeden Tag danach. Du warst du selbst, zweifelsfrei und unnachahmlich. Nach einigen Jahren kamst du in den Kindergarten und dort begann deine Veränderung. Ganz leise, zaghaft und doch immer offensichtlicher. Plötzlich sagte man dir, wie du zu sein hast, damit du gemocht wirst, wie du dich zu verhalten hast, damit du akzeptiert wirst, und was du sagen sollst, um als normal zu gelten.

Um deine engsten Vertrauten, deine Erzieherinnen und Erzieher, nicht zu verärgern, hast du dich Stück für Stück angepasst, um das, was du so dringend brauchtest, weiterhin zu bekommen. Du wolltest und brauchtest Liebe. Jene Liebe ist überlebenswichtig, und um sie zu erhalten, hast du dich jeden Tag ein klein wenig verändert. Dies ist nicht weiter schlimm, es ist zunächst nur sehr wichtig, das bewusst zu erkennen.

Du folgtest immer weiter und kamst in die Schule.

In der Schule warst du dir der Veränderung schon etwas bewusster. Wir beginnen hier nämlich, unsere Anpassung selbst gezielt zu wählen. Viele wollen durch Markenkleidung aussehen wie andere und dabei dennoch individuell sein. Auffallen und trotzdem ein Stück weit in der Masse untergehen, um besagte Anerkennung zu erhalten. Ein Balanceakt zwischen Individualität und Gruppenzwang. Nur fallen eben jene, die die Individualität wählen, oft als störend auf.

Genau so erging es mir. Mein ganzes Leben lang. Ich sah mich von Anfang an als individuelles, sensitives und wundervolles Wesen in einer Welt von Gruppenzwängen und kollektiven Meinungen. Als träumenden Denker und denkenden Träumer gefangen in der Realität einer scheinbar viel zu harten Welt. Während Klassenkameraden auf dem Fußballplatz rannten und rauften, träumte ich und hatte einen imaginären Fantasiefreund. Während andere die neuesten Schuhe von bekannten Marken trugen, ging ich mit einem Kopfband, als Pirat, in die Grundschule und fühlte mich stets ein wenig ausgegrenzt.

Ich fühlte meine Einzigartigkeit, und ich sah sie als Geschenk. Nur sah die Welt das scheinbar nicht so. Meine Lehrer erklärten mir, dass ich zu viel träume und fingen an, meine Sensitivität zu einem Problem zu erklären. Somit wurde ich schon in jungen Jahren zu einem Schulpsychologen geschickt. Es wirkte fast so, als ob das Träumen eine Krankheit sei, die es zu behandeln galt. Zunächst verwirrte und verletzte mich diese Betrachtung. Ich fühlte mich ausgeschlossen und abgelehnt.

Doch dann geschah etwas Bahnbrechendes und ich erkannte den Zauber darin – übrigens erst zwei Dekaden später. Mein so junges Herz schaffte es, den Widerstand, der mir und meinem Sein entgegengebracht wurde, umzuwandeln und zu kanalisieren: Die Kraft, welche mich verändern sollte, wurde zu meiner Motivation – meine Motivation, ich selbst zu sein und für immer zu bleiben. Ganz nach dem Kung Fu-Prinzip. Egal, was mir Lehrer, Bekannte, Vorgesetzte oder die Gesellschaft auch immer sagten, ich wusste plötzlich um meine eigene Kraft.

Natürlich war dies nicht immer einfach, doch es war eine unglaubliche Befreiung. Der Beginn eines Siegeszuges für mein Herz, für meine liebende Individualität! Ich begann, mich wahrhaftig zu entfalten. Ich fing an, die Rolle meiner Lieblingsgeschichten, von Pipi Langstrumpf bis zu Peter Pan, selbst zu leben und meine Heldenreise zu vollziehen. In allen Facetten meines Lebens.

Genau dabei möchte ich dich begleiten und inspirieren. Wir alle sind so bunt und tragen eine unendliche Vielfalt an Farben in uns. Leider wird uns früh beigebracht, dass nur wenige dieser Farben schön und von der Mehrheit akzeptiert sind, doch das ist einfach nicht wahr! Sprenge das alte Denken und erlaube dir, in allen Farben zu scheinen. Erlaube dir jeden Tag aufs Neue, deine Talente, deine Träume und deine Visionen in wunderschönen Tönen auszumalen.

Es ist dein Leben!

Es liegt an dir, zauberhafte Farben auf der Leinwand eines Lebens voller Freude zu hinterlassen und diesen Planeten durch deine Akzente in farbenfrohes Licht zu tauchen.

Traue dich, zu leuchten und deine ganz persönlichen Spuren der Freude, der Liebe und der kühnen Mutausbrüche zu hinterlassen.

Es ist ein nie endendes Abenteuer und es beginnt vielleicht gerade jetzt.

# Die grauen Herren

*Denke daran, dass das, was dich wie an unsichtbaren Fäden*
*hin- und herzieht, in deinem Inneren verborgen ist.*

## MARC AURELIUS

Alles, was du benötigst, um deinem Herzen zu folgen und die Welt zu bereichern, liegt in dir. Du bist mit einer wundervollen Palette an Farben auf diese Erde gesandt worden. Es liegt an dir, dich deiner eigenen Farbenpracht zu bedienen und das Gemälde deines Lebens voller Mut selbst zu gestalten. Male so zauberhaft du kannst und entfalte dich voller Mut! Auch wenn die Welt oft grau und kalt erscheint, darfst du nie vergessen, dass es an dir liegt, sie bunt zu hinterlassen. Folge nicht der Norm, sondern hinterlasse deine eigene, liebende und farbenfrohe Spur.

Hierbei muss ich oft an die grauen Herren aus der Geschichte „Momo" von Michael Ende denken. Momo lebt einzigartig, frei und mutig vor, was sich so viele wünschen. Unverblümt und wild. Bis die grauen Herren der Zeitsparkasse auftauchen und versuchen, die Stadt zu kontrollieren und das bunte, liebevolle und zeitverschwenderische Leben der träumenden Kinder zu unterbinden. Natürlich möchte ich nicht behaupten, dass alle Menschen in grauen Anzügen ihre Vielfalt und das bunte Kind in sich vergessen haben, jedoch ist das Bild der Anzug-tragenden Gesellschaft für mich oft sehr prägnant.

Zunächst wird uns erklärt, dass wir individuelle, einzigartige Geschöpfe seien und dann sieht man ganze Geschäftsbranchen in den gleichen, eintönigen Kleidungsstücken schnellen Schrittes und mit verhärteten Gesichtszügen durch graue Gebäude ziehen, um Terminen nachzujagen. Oft scheint es, dass sie dabei vergessen haben, ihre Träume anstatt dem nächsten Meeting zu jagen. Ob sich das Kind, das sie einmal waren, in jenen Menschen das eigene Erwachsenenleben so gewünscht hat, bleibt fraglich. Ich sage das nicht, um zu provozieren, sondern um meine freiheitsliebenden Gedanken mit dem Kind in dir zu teilen.

Mein Vater arbeitete früher in einer großen Bank und ich weiß noch genau, wie ich mich als kleiner Junge immer fragte, warum dort alle gleich und so seltsam aussahen. Schon als Kind fand ich es unglaublich schade, dass so viele individuelle, wunderschöne Menschen in den gleichen Kleidungsstil gequetscht werden. Egal, wie du dich kleiden magst, erlaube dir wieder deine eigene Farbe zum Leuchten zu bringen und die Welt mit deiner Vielfalt zu bereichern. Du bist ein einmaliges, wundervolles und einzigartiges Geschenk. Entfalte dich und erkenne dich als das an, was du bist: ein farbenfrohes Wunder!

Vollkommen egal, was du beruflich machst, an was du glaubst oder wie du erzogen wurdest, du darfst dich selbst jederzeit neu erfinden. Also entfalte dich jeden Tag immer wieder aufs Neue, auch wenn du einen Anzug trägst. Exakt hierzu möchte ich dir einen Teil meiner eigenen Geschichte erzählen.

# Meine Befreiung

Als Kind durfte ich schnell lernen, dass meine verträumte Einzigartigkeit nur sehr bedingt erwünscht und von der Gesellschaft als ein Geschenk betrachtet wurde. Nachdem ich meine Schullaufbahn absolviert und die schulpsychologischen Besuche mehr oder weniger unbeschadet überstanden hatte, durfte auch ich mich der Maskerade unserer Arbeitswelt stellen. Nach einer abgebrochenen Ausbildung zum Erzieher und dem gescheiterten Versuch, von meiner Musik leben zu können, begann ich mehr oder weniger freiwillig eine Ausbildung zum Kaufmann.

Als ich klein war, hatte ich eine vage Vorstellung von meinem Leben als Erwachsener. Ich wusste zwar nicht genau, was ich machen wollte, jedoch wusste ich, wie mein Leben in der Erwachsenenwelt aussehen sollte: frei, wild und abenteuerlich. Ich dachte an Unabhängigkeit, an gelebte Freiheit und an ein bebendes Leben voller Freude. Ich dachte nicht an Rentenbeiträge, Bausparverträge oder Kompromisse. Und nun sollte ich also Kaufmann im Einzelhandel werden.

Da ich dringend Geld benötigte, um meiner Leidenschaft, der Musik, und dem Produzieren von Alben weiter folgen zu können, begann ich die Ausbildung, aber etwas widerwillig. Ich wollte eigentlich nur schreiben und Musik machen, doch um meine investierte Zeit nicht völlig zu verschwenden, beendete ich meine Prüfungen zum Kaufmann mit einem sehr guten Schnitt – nicht zuletzt für meine sich um mich sorgenden Eltern.

Das Paradoxe war jedoch Folgendes: Obwohl ich stets wusste, was ich wirklich wollte, hörte ich dennoch auf die Gesellschaft, den Rat meiner Eltern und die objektivierende Stimme meines Verstandes. Ich schrieb in meiner Freizeit Songs, betete um die Erfüllung meines Traumes und war nun Kaufmann geworden, um Geld zu verdienen.

Dann gabelte sich mein Weg und es schien, als ob das Leben mich vor eine Wahl stellte.

Ich bekam eine eigene Filiale einer großen Einzelhandelskette angeboten und stand damit vor der Entscheidung, meinem Herzen oder der Stimme des Kopfes zu folgen.

Nachdem ich mein Leben lang verschuldet gewesen war und bis dato nahezu keinen Cent mit meiner Musik verdient hatte, unterdrückte ich die flüsternde Stimme meines Herzens und sah mich einige Tage später als stellvertretenden Geschäftsführer mit Hemd und Hose in meinem eigenen Laden stehen. Ich konnte damals noch nicht genau sagen, warum, doch ich fühlte mich verraten.

Verraten und mich meines eigenen Traumes beraubt. Meine Eltern waren stolz auf mich, mein Großvater und meine Bekannten
waren stolz auf mich … und ich? Ich war traurig. Jeden Morgen
stand ich unter der Dusche und musste weinen. Keiner schien
meinen Schmerz zu verstehen, doch ich fühlte, dass etwas in mir
immer trauriger und frustrierter wurde. Es begann mit einem inneren Unwohlsein, einem Ziehen in meinem Herzen und es wurde mit jedem Tag stärker.

Etwas in mir wusste immer deutlicher, dass ich eine Wahl zu treffen hatte.

Eine Wahl für den Weg meines Herzens.

Es war an der Zeit, mich zu entscheiden.

Das freie, träumende Piratenkind in mir schaute mich jeden Tag
an. Zunächst konnte ich es mit einem Blick auf mein Konto und
die vermeintliche Sicherheit ignorieren, doch mit jedem Tag
schien es mich mit seinen sehnsuchtsliebenden Augen deutlicher anzusehen. Es blickte mich in meinem „halben Anzug" an
und fragte: „Echt jetzt? Ist das dein Ernst? Soll das unser Leben
sein?"

Ich wusste, dass ich den Traum meiner eigenen Kindheit ein Stück
weit verleumdet hatte und ich durfte nicht zulassen, dass das unter dem Deckmantel von Rentenbeiträgen und Sparbüchern weiter

voranschritt. Also kündigte ich meinen Job, legte den Anzug ab und entschied mich, dem Weg meines leuchtenden Herzens zu folgen.

Es gab zu dieser Zeit keinen Plan B, doch ich wusste, dass ich nicht weiterhin zehn Stunden am Tag zu einem Job gehen darf, der mich traurig macht.

Oftmals vergessen wir das. Wir vergessen, dass wir eine Wahl haben.

Wir setzen uns so hohe Ziele, dass wir meinen, keine Chance zu haben. Wenn du, wie ich damals, keine Ahnung hast, was du machen sollst, um einen erfüllenden Job zu finden, dann beginne doch einfach damit, mit dem aufzuhören, was dich traurig macht und suche dir eine Aufgabe, die dich wenigstens ein wenig mehr erfüllt. Auch wenn du nicht gleich sofort deine Berufung findest oder von ihr Leben kannst, so kannst du dich dennoch dafür entscheiden, weniger von dem zu tun, was dich enttäuscht und in Phasen der Traurigkeit stürzt.

Also begann ich damit, mir zu überlegen, was mir mehr Spaß machen könnte. Nicht wegen des Geldes, nicht wegen der grauen Herren, sondern einzig und allein wegen meinem Versprechen an das Kind in mir. Meinem Versprechen, dass unser Leben ein buntes und schönes Abenteuer sein wird.

Natürlich kostete es Mut. Natürlich war der Weg nicht gerade von Rosen bedeckt, sondern wirkte steinig, bedrohlich und unsicher. Und ja, der Weg der Sicherheit wird oftmals angenehmer und lukrativer aussehen, doch wenn dein Herz es dir sagt, musst du den Weg in das Unbekannte wählen. Also schmiss ich alles hin und begann von vorne.

Ja, ich hatte Angst. Doch am nächsten Morgen stand ich das erste Mal seit Jahren jubelnd unter meiner Dusche. Und der kleine, freche Pirat in mir jubelte fleißig mit!

Also höre auf das Kind in dir, auch wenn du einen Anzug trägst. Es kennt den Weg besser, als du denkst!

# *Kopf oder Herz?*

*Du bist gut wie du bist,*
*geformt aus Sternenstaub zu einer Blume des Lichts.*

SEOM

Seit ich denken kann, wollte ich immer nur frei leben, Menschen begeistern und Musik machen. Bereits in jungen Jahren wusste ich, wofür mein Herz schlägt, jedoch wusste meine Außenwelt das nicht. Wie sollte sie auch? Niemand außer dir kann die flüsternde, sehnsuchtsvolle Stimme deines Herzens hören. Somit war es nicht wirklich verwunderlich, dass die Welt, meine Eltern, Bekannte und Freunde stets dachten, besser zu wissen, welche Wege gut für mich seien. Die große Herausforderung bestand für mich immer und immer wieder darin, all diese gut gemeinten Ratschläge mehr oder weniger zu ignorieren und meinem Herzen zu folgen. Genau dabei scheinen wir oft getestet zu werden. Das Leben platzierte mich immer wieder vor große Weggabelungen, um meine Entschlossenheit zu prüfen.

Es war und ist stets dasselbe, bekannte Spiel.

Kopf oder Herz? Abenteuer oder Sicherheit?

Neue Spuren hinterlassen oder bekannten Pfaden folgen?

Nachdem ich – wie oben beschrieben – bereits einmal meinem Kopf und der vermeintlichen Sicherheit gefolgt war, mich kurze Zeit später in einer gehobenen Position gelandet war und dann merken durfte, dass ich sehr unglücklich wurde, hatte ich mich entschlossen, nun meinem Herzen zu folgen. Ich entschied mich, weniger von dem zu tun, was mich traurig machte. Ich fragte mein Herz, welche Momente, Kontakte und Begebenheiten kleine Funken der Freude in meinem Alltag auslösten. Und mein Herz antwortete mir. Da waren Momente mit wachen, unverfälschten Kinderaugen, welche kleine Leuchtfeuer der freudigen Motivation in mir aufflackern ließen. Sprache begeisterte mich außerdem schon immer sehr und bereitete mir mit ihrem bunten poetischen Facettenreichtum viele Glücksmomente. Zudem schenkte mir die Aussicht, Menschen helfen zu können, immer schon sehr viele Momente der inneren Glückseligkeit. Also entschied ich mich, mit Mitte 20 nochmals die Schule zu besuchen, um mein Abitur nachzuholen und dann das Staatsexamen zum Logopäden, also Sprach-, Sprech- und Stimmtherapeuten zu absolvieren.

Kein leichter Weg …

All das erforderte viele Opfer, denn im Zeitraum von über fünf Jahren verdiente ich logischerweise kein Geld, häufte mehr und mehr Verbindlichkeiten an und durfte währenddessen zusehen, wie Freunde im gleichen Alter Autos oder sogar Häuser ihr Eigen nannten und sich einen angenehmen Standard aufbauten. Ich begann währenddessen wieder von vorne. Mit nichts in der Hand, aber mit Freude in meinem Herzen und mit einem lachenden, inneren Kind an meiner Seite! Nebenbei schrieb, produzierte und veröffentlichte ich natürlich in jedem Jahr mindestens ein Musikalbum.

Ich hinterließ meine eigene Spur!

Nach fünf Jahren war es geschafft und dann geschah etwas Magisches: Das Leben wiederholte seinen Ruf. Es war wieder an der Zeit, sich zu entscheiden.

Ich arbeitete mittlerweile als Logopäde in einer Klinik, schrieb weiterhin meine Songs, produzierte Alben und träumte davon, nur noch Musik machen zu dürfen. Eines Tages unterbreitete mir ein sehr reicher Patient das Angebot, mir eine eigene Praxis für

Logopädie zinsfrei zu finanzieren. Natürlich war mein Umfeld begeistert und wieder einmal schien die ganze Welt zu wissen, was gut für mich war. Mein Herz wusste allerdings sehr schnell, welche Lektion hinter jener Fassade verborgen lag. Natürlich wäre dieser Weg der Sicherheit eine kleine Goldgrube gewesen und ja, da ich noch immer verschuldet war, spielte mein Verstand sehr verführerisch mit diesem Gedanken. Doch mein Herz wusste, dass diese Situation die gleiche war, welche mir bereits vor Jahren hinter der Maske eines eigenen Ladens erschien. Es war dasselbe Angebot, nur unter verschiedenen Farbtönen verborgen. Wähle die Sicherheit oder folge jetzt endlich voller Mut deinem Herzen.

Das Leben schien immer lauter zu rufen: Entscheide dich!

Als ich das Angebot ablehnte, erklärten mich zunächst alle für verrückt. Verständlich, da ich zu diesem Zeitpunkt nahezu keinen Cent mit meiner Musik verdiente. Doch ich wusste genau, was ich mochte, und spürte, dass diese Entscheidung große Kraft hatte. Es war ein Symbol. Ein Wegweiser für meinen Traum.

Kurze Zeit später wurde ich von einer Plattenfirma entdeckt und bekam meinen ersten Plattenvertrag. Der Song, mit welchem mich die Plattenfirma im Internet entdeckt hatte, trug übrigens den Titel „Gib nicht auf" und wurde von mir bereits Jahre zuvor geschrieben.

Diese Verkettung von Umständen konnte niemand ahnen.

Ich selbst konnte retrospektiv auch nicht wirklich erwarten, dass mich jemand verstand, denn diese innere Gewissheit, dieses tägliche Leuchten in meinem Herzen, wenn ich Beats hörte und Reime formte, konnte nur ich selbst wahrnehmen.

Dieses Gefühl kennst du auch!

Auch wenn es bei dir keine Beats oder Reime sind, kennst du das Gefühl und die innere Gewissheit, bei einer Sache genau richtig zu sein. Wenn du jenes Leuchten in dir wahrnimmst, kann es sein, dass du spürst, mehr davon tun zu müssen. Es fühlt sich wie eine Verantwortung der Welt gegenüber an. Es ist mehr als nur deine Freude. Es ist ein Auftrag, den nur du selbst wahrnehmen und spüren kannst. Du versucht der Welt davon zu berichten und die meisten Menschen blicken dich fragend an. Doch immer, wenn du dieser knisternden Flamme folgst, wird das Gefühl der Größe stärker. Es scheint, als ob dich etwas ruft. Genau an dieser Stelle halte ich es für elementar, alle äußere Meinungen auszublenden und sich auf genau jene Leidenschaft zu fokussieren. Ich habe keine Ahnung, wo sie herkommt, aber ich weiß, dass sie sich verstärkt, wenn wir ihr folgen, und ich weiß, dass dadurch auf schnellstem Wege Wunder kreiert werden können.

Die Welt, welche dich zuvor fragend anblickte, wird verstehen. Sie wird es jedoch nicht durch deine Worte, sondern einzig und allein durch das, was durch dich wächst, verstehen. Durch jene Kraft, welche du kreierst, bringst du andere in ihre Kraft, zu großem Vertrauen, und du inspirierst viele Menschen um dich herum.

Der Preis ist Mut.

Mut, deinen eigenen Weg zu gehen, auch wenn es andere vielleicht enttäuscht – nicht auf lange Sicht, aber für den Moment. Da nur du spürst, was dein Weg ist, fällt es jedoch auch leichter, ihre Enttäuschung zu verstehen, das Unverständnis zu akzeptieren und schnell zu vergeben. Keiner kann es sehen, wie du es fühlst. Das ist Teil des Spieles und der Einsatz, den wir setzen müssen. In das Unbekannte zu gehen, die Ratschläge vieler zu ignorieren und immer wieder durch die eigene Angst zu schreiten. Sie an die Hand zu nehmen und durch das Dunkle zu wandern, ist die Aufgabe.

Dahinter wartet ein Land voller Magie. Ein leuchtendes Paradies und ein Leben voller Freiheit.

Der Pfad dorthin existiert jedoch erst, wenn du ihn erschaffst.

Also kreiere deine eigene Spur.

Erschaffe deinen Weg! Den Weg deines Wesens, mit deinem Herzen als Kompass. Vertraue …

# Der Lohn

Nun hatte ich meinen so lange ersehnten Plattenvertrag!

Interessanterweise stellen wir beim Erreichen eines Zieles sehr oft fest, dass das, wonach wir uns so sehr sehnten, gar nicht das ist, wonach wir uns in unserem tiefsten Inneren wirklich sehnen. Das begriff ich jedoch erst später. Ich hoffte, durch meinen Vertrag Unabhängigkeit und Freiheit geschenkt bekommen zu haben. Es fühlte sich jedoch gegenteilig an: Plötzlich wurde mir erklärt, dass meine Musik nun nicht mehr mir gehöre, da Studios und Videodrehs durch die Plattenfirma finanziert würden. Man sprach von Produktplatzierungen und Vertriebsstrategien. All das fühlte sich für mich zunächst nicht gut an, da kaum jemand vom Herzen und der unsichtbaren Kraft meiner Musik sprach. Glücklicherweise beschützte und behütete mich der Kosmos auf großartige Weise. Der Plattenvertrag wurde nach dem ersten Album durch wunderbare Fügungen wieder aufgelöst und ich war wieder frei.

Bei all den Einschränkungen des ersten Vertrages war *eine* Sache jedoch phänomenal: Meine Musik wurde gekauft und endlich gehört. Ob es nun an meiner veränderten geistigen Einstellung oder dem parallel dazu unterschrieben Vertrag lag, sollen Theoretiker gerne entscheiden. Jedenfalls durfte ich endlich meinen Traum leben und verdiente erstmalig Geld mit meiner eigenen Musik. Zugegeben, es war sehr, sehr wenig Geld, doch ich war stolz und zufrieden. Meine erste eigene CD stand plötzlich in den entsprechenden Läden!

Doch dann gingen die Lektionen erst los …

## Annehmen und zugleich dankbar ablehnen lernen

Nachdem ich mein Album „Spirit" veröffentlicht hatte, erlebte ich aus musikalischer Sicht erstmals in meinem Leben eine Welle des Erfolges. Schlagartig bekam ich mehr E-Mails als ein normaler Mensch an einem Tag lesen kann. Unglaublich viele Angebote, Empfehlungen und Tipps wurden mir von bis dahin wildfremden Menschen unterbreitet. Da waren Heiler, Medien, Orakel und Autoren, die Stände auf meinen Konzerten errichten wollten, Sänger aller Art, die sich als Vorgruppen anboten, Trancetänzer, die mich begleiten wollten, viele Manager und noch mehr Verkäufer, welche alle sehr spezielle Ideen hatten, um mit mir zusammenzuarbeiten.

Ich möchte ganz ehrlich sein: Zu Beginn war ich oftmals sehr überfordert mit dieser Flut an Nachrichten und Angeboten. Aufgrund meines ausgeprägten Bedürfnisses nach Harmonie wollte ich niemanden enttäuschen und konnte dennoch unmöglich auf all die verrückten Angebote von Plattenfirmen, Heilern, Künstlern und Managern eingehen. Es war verrückt, endlich durfte ich meinen Traum leben und schon war ich mit einer großen Lektion konfrontiert. Ich durfte lernen, „Nein" zu sagen und Angebote abzulehnen, auch wenn es mir oft sehr schwerfiel.

Gerade in der spirituellen Szene wird immer vom berühmten „Annehmen" gesprochen. Wir sollen „Ja" zum Leben und zu seinen Geschenken sagen. Selten erwähnt wird jedoch, dass wir auch lernen dürfen, liebevoll abzulehnen. Was hätten ich davon, wenn ich bei jedem Angebot ja gesagt hätte, auch wenn es sich in meinem Herzen nicht richtig anfühlt? Sowohl meine Freude, als auch meine Authentizität würden schwinden, womit letztendlich keinem geholfen wäre. Hätte ich all den angebotenen Musikempfehlungen, Dichtern, Heilern und Channel-Medien den gewünschten Raum auf meinen Konzerten, Internetseiten und Newslettern gegeben, wäre dort alles über diese Menschen gestanden, aber nur sehr wenig von mir selbst. Also durfte ich liebend lernen, dass es auch gesund ist, Dinge abzulehnen. Zunächst hatte ich das Gefühl, dies sei egoistisch, doch sehr bald spürte ich klar, dass es eine Frage von aufrichtiger Selbstliebe ist.

*Als ich mich wirklich selbst zu lieben begann,*
*habe ich mich von allem befreit, was nicht gesund für mich war,*
*von Speisen, Menschen, Dingen, Situationen und von allem,*
*das mich immer wieder hinunterzog, weg von mir selbst.*
*Heute weiß ich, das ist „Selbstliebe".*

CHARLIE CHAPLIN

Denke daran, wenn du mit ähnlichen Dingen in deinem Umfeld konfrontiert bist. Ja, wir dürfen und sollen den Menschen helfen, wo wir können, und ja, wir dürfen gleichzeitig auch lernen, Anfragen abzulehnen, ohne uns hierbei ein schlechtes Gewissen zu erschaffen.

# KAPITEL 4

# Mut

*In dieser Welt umgeben dich mehr Dinge als du sehen kannst.*
*Jede Angst verfliegt, wenn du Vertrauen in deinen Weg erlangst.*

SEOM

# Triff eine Entscheidung!

Ich kann gar nicht oft genug beschreiben und betonen, wie wichtig es ist, eine Entscheidung zu treffen!

In einer wahren, aufrichtigen Entscheidung, welche aus dem Herzen heraus gefällt wurde, liegt unendliche Macht und der Treibstoff für alles Nötige auf deiner Reise zu den Sternen … triff deine Entscheidung aufrichtig und folge ihr zielstrebig.

Aus einer Sehnsucht entspringt ein Gedanke. Aus dem Gedanken erhebt sich eine Vision und aus dem mutigen Entschluss, jene Vision erleben zu wollen, erwächst die Entscheidung. Große Entscheidungen verändern und bewegen dein Leben.

Aus deiner Entscheidung werden sehr schnell Handlungen entstehen und diese vervielfachen sich, wenn du den Mut hast, deinen Weg mit ganzem Herzen zu gehen!

Um dich zu unterstützen, möchte ich dir eine kleine

**Affirmation**

schenken, welche dich vielleicht darin bestärkt, dich täglich für dich und deine Träume zu entscheiden.

*Heute beginne ich voller Hingabe neu!*

*Ich entscheide mich für Freude, Gesundheit, Liebe und Glück.*

*In jeder meiner Handlungen und in jedem meiner Gedanken widme ich mich der Liebe!*

*Ich folge sanft und hingebungsvoll meinen Träumen und verwirkliche sie zum Wohle aller Wesen!*

# Dein Herz

Jeder Erfolg hat einen Samen. Hinter jedem Erfolg steht eine leidenschaftliche Person, doch das wahre Wissen, die wahrhaftige Hingabe, kommt immer aus dem Herzen.

Dein Herz besitzt eine solche Energie, ein so hohes Feld an Zauber, dass du es gedanklich nicht wirklich erfassen kannst.

Doch du kannst darauf vertrauen.

Der Kompass in deiner Brust wird dir immer den richtigen Weg zeigen.

Natürlich sind wir ständig in Kontakt mit unserem Herzen, nur vergessen wir manchmal, seine magischen Kräfte auch direkt zu nutzen.

Deshalb habe ich hierzu auf den nächsten Seiten ein paar schöne **Impulse** für dich:

Lege die Hand auf das Herz und stelle ihm ein paar Fragen!

Ich weiß, es klingt ein wenig verrückt.

Lass dich kurz darauf ein.

Schließe deine Augen, lege deine rechte Hand auf das Herz und fühle zunächst einmal, wie es für dich schlägt. Es schlägt nur für dich – von Anfang an. Spüre seinen Rhythmus und lenke deine Aufmerksamkeit gezielt nur auf den Herzschlag. Mach dir bewusst, dass dein Herz geschlagen hat, bevor du denken konntest. Kein Arzt kann genau erklären, was den ersten Herzschlag auslöst – es ist wahrhaftig magisch!

Wenn du die Verbindung spürst, atme tief und stelle deinem Herzen drei Fragen:

1. Liebst du mich?

2. Bin ich richtig, wie ich bin?

3. Leitest du mich und zeigst mir den Weg?

Wie du die Antworten interpretieren darfst, weißt du selbst!

Fühle deine Dankbarkeit tief im Herzen!

Nun betrachte fünf Dinge in deinem Leben, für die du dankbar bist, und fühle sie tief in deinem Herzen.

Sprich das Wort **„DANKE"** nicht im Kopf, sondern ganz bewusst in deinem Herzen aus.

Es ist möglich – versuche es!

Dankbarkeit bewusst im Herzen wahrzunehmen, verstärkt deinen Fokus auf die Region des Zaubers in deiner Brust.

~

Somit wirst du immer schneller im Herzen entscheiden, was zur nächsten **Übung** führt:

Triff die nächsten drei Entscheidungen ganz bewusst nur mit deinem Herzen!

Betrachte dies als ein Spiel!

Die nächsten drei Entscheidungen, welche in deinem Alltag anstehen, triffst du einmal nur mit deinem Herzen. Ich meine wirklich NUR mit deinem Herzen. Ignoriere den Verstand.

Egal welche Entscheidungen es sein mögen.

Ob klein oder groß!

Spiel das Spiel und teste es. Du wirst erstaunt sein, wie unterschiedlich deine Entscheidungen ausfallen, wenn du sie wirklich ganz bewusst mit dem Herzen triffst.

Wenn du es ein wenig geübt hast, wirst du immer sicherer und traust dich mit der Zeit, auch die wirklich großen Entscheidungen einzig und alleine aus dem Herzen heraus zu treffen.

An diesem Punkt bekommt der Verstand oft Angst. Beruhige ihn und sage, dass du schon weißt, was du da machst. Zwar hilft ihm das nur bedingt, doch er wird sich ganz langsam daran gewöhnen und du wirst erstaunt sein, wie überaus intelligent und grenzüberschreitend dein Herz dich lenkt und leitet.

*Den Garten des Paradieses betritt man nicht mit den Füßen,*

*sondern mit dem Herzen.*

BERNHARD VON CLAIRVAUX

*Zeige Mut, bewege dich, und pures Licht
überstrahlt deine Wege*

Wenn wir einen wahren Entschluss aus dem Herzen treffen, voller Vertrauen handeln und mit all unserem Mut voranschreiten, wird die Kraft aller Sterne Licht auf unseren Wegen erzeugen, um uns die Richtung zu weisen.

Nachdem damals mein Album erschienen war, verbrachte ich mit sehr lieben Menschen und meinen engsten Gefährten einen einwöchigen Urlaub am Comer See. Wir mieteten uns gemeinsam ein kleines Häuschen und nutzten viele Momente dieser gemeinsamen Zeit, um unsere Visionen offen preiszugeben, persönliche Wünsche und Ziele für die Zukunft auszusprechen und uns in unseren Vorhaben zu bestärken.

In genau dieser Zeit beschloss ich, eine eigene große Konzert- und Seminartour durch ganz Deutschland, Österreich und die Schweiz erschaffen zu wollen. Wie dieser Wunsch Realität werden sollte, wusste ich nicht. Meine Plattenfirma hatte das Album veröffentlicht und sah die Arbeit somit weitestgehend als getan an. Um Konzerte musste ich mich also selbst bemühen.

Das Leben zeigte mir, wie wichtig es für eine Raupe ist, aus eigener Kraft zum Schmetterling zu werden.

Ich spürte den Ruf meines Herzens, viele Menschen an vielen Orten live berühren und bewegen zu wollen. Also beschloss ich, genau das zu tun! Ohne Plan, wie die Organisation einer solchen Tour ablaufen solle, ohne Erfahrungen im Konzertbusiness bezüglich Buchungen und Formalitäten. Doch mit sehr viel Vertrauen, Hingabe, Liebe und Vorfreude!

Nun würde ein rein rational denkender Mensch vielleicht behaupten, es wäre nötig, Informationen über mögliche Orte zu sammeln, viele Konzertveranstalter zu kontaktieren, Räume zu mieten und Promotion-Aktivitäten zu planen. Da mir organisatorische Aufgaben dieser Art in zu hohem Maße missfallen, mich langweilen und ich meine Talente voll und ganz in der meines Herzens entsprechenden Art und Weise entfalten wollte, beschloss ich, meine Vision der unendlichen Kraft der Sterne anzuvertrauen.

Natürlich wusste ich, dass ich handeln, Mut aufbringen und meinen Teil leisten musste. Doch das war bei Weitem nicht der wirklich wichtige Aspekt. Ich spürte aus einer inneren Gewissheit heraus, dass sich alles fügen würde. Es war zunächst nötig, mutig zu handeln und meinen Teil zur Erfüllung der Vision beizutragen. Also tat ich genau das. Zuerst einmal festigte ich meinen Entschluss durch präzise, detailreich geschmückte und mit Dankbarkeit erfüllte Bilder in täglichen Visualisierungen. Ich stellte mir jeden Tag gefüllte Konzerträume vor und erarbeitete ein Konzept meines ideal verlaufenden Konzertes.

Ohne dass ich auch nur ein Konzertangebot hatte, erschuf ich die Inhalte für ein zweistündiges Konzert mit sehr viel Leidenschaft und Liebe. Ich bereitete alles für die kommende Tour vor. Wohlgemerkt, ohne ein Konzert wirklich gebucht zu haben! Ich wählte meine besten Songs aus, schrieb Präludien und Vorträge als Bindeglieder zwischen meinen Liedern und überlegte mir, wie ich meine Konzertbesucher mit berührenden Geschichten durch einen erfüllenden Abend führen würde, um sie nachhaltig zu inspirieren.

Nachdem ich das gesamte Konzert mit all meiner Hingabe vorbereitet hatte, war es an der Zeit zu beweisen, dass mein Vertrauen rein und mein Mut groß genug war.

Also beschloss ich, ein erstes großes Konzert zum Start der Tour selbstständig mit meinen besten Freunden Emanuel und Alma zu organisieren und mein Geld hierfür zu investieren, um dem Universum und vor allem mir selbst meinen Mut zu beweisen.

Der Rest sollte sich wieder einmal wie durch Zauberhand fügen ... !

Da viele meiner Hörer, wie durch eine unsichtbare Absprache verbunden, in ihren Mails an mich immer wieder fragten, ob ich einmal ein Konzert in Köln geben könne, entschied ich, genau dort meinen großen Tourauftakt zu feiern. Über 500 km von zu Hause entfernt, ohne auch nur einen Veranstalter zu kennen.

Ja, ab und zu klopfte mein Verstand an die Tür des Herzens und drehte ein klein wenig durch.

Nachdem der Gedanke manifestiert war, meldete sich eine gute Freundin und sagte, sie kenne einen tollen Konzertraum im Kölner Zentrum. Kurzerhand mietete ich den Raum, druckte Eintrittskarten, welche Alma für mich designt hatte, und stellte somit meinen Mut unter Beweis. Dann geschah das Atemberaubende: Das Konzert war ausverkauft, die Resonanz durchweg positiv und der Wunsch nach weiteren Konzerten wurde von vielen Fans an mich herangetragen.

Plötzlich meldeten sich aus dem ganzen Land Veranstalter, Besitzer von Seminarhäusern, Festivalveranstalter und viele Privatpersonen, um mich für Konzerte zu buchen. Ich hatte nichts zu tun, außer die Termine der Konzertanfragen zu koordinieren. Somit füllte sich mein Tourplan innerhalb weniger Wochen komplett – von Montag bis Freitag arbeitete ich als Logopäde und an den Wochenenden war ich unterwegs. Ich spielte beispielsweise im Prana Zentrum Dresden, durfte dort liebevolle Menschen kennenlernen, bei ihnen wohnen und diese atemberaubend schöne

Stadt kennenlernen. Meine Wege führten mich in die Schweiz zu Kristallschädelhütern, welche enge Freunde und Gefährten von mir wurden, zu einer großartigen Astrologin, mit der ich komplette Seminare ausarbeitete und die auch eine Seelenfreundin fürs Leben wurde. Ich wurde nach Hamburg, Österreich, Freiburg und bis nach Spanien eingeladen.

Und ich wurde weiter geführt: zu Seminarhäusern in Frankfurt, Zürich und sogar in einen elfenhaften Klangdom, erbaut nach den Richtlinien der heiligen Geometrie. Auf jeder meiner Konzertreisen durfte ich neben den Freundschaften stets tiefgreifende, wertvolle Erkenntnisse sammeln.

Ich wurde nach Ibiza eingeladen, wo ich einen bezaubernden Urlaub verbringen durfte, ein Konzert gab und eine liebevolle Freundin für mein Leben fand. Dort lernte ich im Seminarzentrum ganz nebenbei viel über mich. So traf ich neben der großartigen Heilerin Patrizia Lincalzi auch auf ihren damaligen Seminarpartner, welcher mir eine weitere Erkenntnis schenkte, die ich gerne in diesem Zusammenhang mit dir teilen möchte. Er lehrte mich, meinen eigenen Wert nicht nur zu erkennen, sondern auch nach außen zu vertreten.

Das besonders Wertvolle an dieser einmaligen Konzerttour ist bis heute, dass ich nicht von Konzerthalle zu Konzerthalle fuhr, ohne die Menschen und Städte der Orte, die ich besuchte, kennenzulernen, sondern stets ganz persönlich bei den Menschen, die mich buchten, aß, verweilte und lebte. Somit lernte ich Städte auf berührende Art hautnah kennen, fand viele Freunde und erfuhr unendlich viel aus den verschiedensten Bereichen des Lebens.

Das Plakat dieser Tour mit allen Daten aus dem Jahr 2015 hängt noch heute in meinem Studio und erinnert mich an diese unfassbare Fügung. Über 30 Konzerte, welche sich fast von ganz alleine ergeben hatten.

*Obwohl wir frei denken und handeln können,*
*werden wir doch, wie die Sterne am Firmament,*
*mit Verbindungen untereinander untrennbar zusammengehalten.*
*Diese Verbindungen kann man nicht sehen, aber wir spüren sie.*

NIKOLA TESLA

# Erkenne deinen Wert

Bei meinen früheren Konzerten in Jugendzentren erhielt ich nur sehr geringe Gagen, die von zwei Freigetränken bis zu maximal 100 Euro reichten. Nun durfte ich lernen, die Wertschätzung meiner Konzerte auch monetär festzulegen, um davon leben zu können.

Mein Freund erklärte mir, dass ich mir einmal überlegen solle, wie viel ein zweistündiges Konzert mir selbst denn wert sei. Neben den 120 Minuten Inspiration am Abend selbst müssten hierbei natürlich auch die vergangenen 18 Jahre des Trainings und der investierten Zeit beachtet werden. Tausende Stunden der Hingabe, der Liebe und des Fleißes! Also legte ich einen für mich fairen und angebrachten Wert fest, den ich dann in meinem offiziellen Konzertangebot für Veranstalter besiegelte. Durch die früheren Erfahrungen als unterschätzter Musiker meldete sich schnell der Verstand mit klassischen Einwänden. Ehrlich gesagt war ich mir nicht sicher, ob dieser Wert auch von anderen anerkannt werden würde. Mein lieber Freund erklärte mir sanft, dass dieser Wert, wenn er von mir im Herzen festgelegt und als angemessen betrachtet wird, auch von allen anderen als feststehender

Wert akzeptiert werden würde. Genau so war es! Bis auf ganz wenige Ausnahmen war jedem Veranstalter vollkommen klar, dass dies der Wert für ein SEOM-Konzert ist.

Somit konnte ich erstmalig in meinem Leben eine 40-Stunden-Arbeitswoche neben der Musik reduzieren und mich mehr und mehr auf meine große Leidenschaft konzentrieren.

Immer mehr Konzertanfragen erreichten mich, und bis heute fügen sich die meisten meiner Konzerte und Seminare von selbst. Sei es auf Yogafestivals, bei indianischen oder schamanischen Treffen, Meditationszentren, Hip-Hop-Partys, Friedensfesten oder renommierten Kongressen in verschiedenen Ländern.

Meine gesamte Kariere widerspricht somit fast allen gängigen Erwartungen und Prognosen der Musikindustrie und deren sogenannten Experten.

Die Show wird noch viel besser, doch dazu später mehr …!

# Den Weg in Freude gehen

Nachdem ich somit schlagartig an jedem Wochenende auf Tour war und all meine freien Tage dieser erfüllenden Aufgabe widmete, war es an der Zeit, meinen Arbeitsplan als Logopäde diesem Leben anzupassen.

Ich kann dir gar nicht beschreiben, wie unendlich schön sich der Moment anfühlte, als ich meine Arbeitswoche auf 30 Stunden reduzierte und freitags nicht mehr arbeiten ging. Ein Teil meines Traums ging in Erfüllung!

Nachdem sich die Konzerte und all meine Aufgaben, vom Videoschnitt, über die Erschaffung neuer Songs, Studioarbeit und vielem weiteren im Laufe des folgenden Jahres vervielfachten, hatte ich kaum noch Zeit, meine Familie oder Freunde zu sehen.

Also durfte ich meine Arbeitswoche in der Rehaklinik nach einem weiteren Jahr auf 20 Stunden reduzieren und erfüllte mir damit den nächsten Schritt meines Traums.

An dieser Stelle möchte ich kurz erwähnen, dass sich genau dieser Weg von der Berufung zum Beruf als der für mich stimmigste anfühlt. Ich persönlich halte es für gefährlich und anstrengend, wenn man seinen festen Job schlagartig kündigt, um seinem Traum nachzugehen, wenn man noch nicht sehr viel Geld damit verdient. Vielmehr denke ich, dass es eine gute, wenn auch phasenweise kräftezehrende Lösung ist, die Übergänge fließend zu gestalten und seine Berufsfelder nach und nach zu verändern.

# Hingabe und Mut

Von der großartigen Zauberkraft des Verlaufes meiner Touren, den Erfahrungen bei Konzerten und den unendlich großartigen Erlebnissen auf so vielen meiner Reisen um die Welt werde ich dir etwas später noch voller Freude und Dankbarkeit berichten.

Ich möchte jedoch direkt noch einmal liebevoll und nachdrücklich betonen, dass du selbst alle Grenzen der vermeintlichen Norm und der festgelegten Regeln im Bereich deines Zieles verschieben, auflösen und neu erschaffen kannst.

Ja, es braucht Vertrauen, Mut und eine große Portion Hingabe, doch letztendlich gibt es nichts, was wirklich festgelegt und unwiderruflich ist.

Noch heute erklären mir Plattenfirmen, Verlagschefs und Musikmanager, dass ich als Künstler nur mit einer Agentur und einem Management bestehen könne.

All das durfte ich, wie so vieles Weitere in meiner Welt, sanft widerlegen und unter Beweis stellen, dass alles möglich ist!

Ich möchte dich mit dieser Geschichte inspirieren, auf deinen Weg voller Vertrauen voranzuschreiten und vor fremd errichteten Mauern nicht zweifelnd stehenzubleiben.

Wenn du bereit bist, deinen Teil zu leisten, voller Liebe für deinen Traum zu arbeiten und mit großem Mut weiterzugehen, wirst du Mauern durchbrechen und unsichtbare Brücken über die Schluchten des Unmöglichen erbauen!

Dessen bin ich mir sicher!

# *Du weißt, was du tun musst*

Du wirst immer wissen, was du tun musst. Gelegentlich mag dein Verstand dir den Weg versperren und dich glauben lassen, dass du nicht weiterweißt. In genau diesen Momenten hast du die Möglichkeit, deine dir innewohnende Kraft zu aktivieren. Die Weisheit des gesamten Alls liegt in deinen Zellen verborgen. Stelle deine Frage, ohne den Kopf miteinzubeziehen, sende sie direkt in dein Herz. Du weißt, wie es geht.

Du wirst die Antwort finden, wenn du dich auf das Gefühl verlässt.

Ein Gefühl kann dich nicht täuschen.

Wenn du mit deinem Herzen denkst, empfindest du sehr viel tiefer und klarer als mit dem Verstand. Die meisten Menschen denken und leben auf Autopilot. Sie leben so sehr in ihrem festgefahrenen Trott, dass sie nur selten auf die Idee kommen, den Sinn dessen, was sie gerade machen, zu hinterfragen. Das Herz rebelliert seit Jahren, doch wird stets vom Verstand unterdrückt. Verstehe mich bitte nicht falsch: Dein Verstand ist ein wunderbares Instrument, das dir immer helfen kann und großartige Fähigkeiten besitzt. Du solltest ihm allerdings niemals die Führung über unser Leben überlassen. Dein Herz weiß sehr genau, was wirklich gut für dich ist.

Manche nennen es Bauchgefühl, manche nennen es Weisheit des Herzens. Egal wie du es nennst, du weißt, dass es in dir eine Kraft gibt, die dir stets zur Seite steht und dir deinen Weg weist. Folge und vertraue deinem sechsten Sinn!

Ich möchte dir noch eine kleine

### Affirmation

schenken, die dich vielleicht ein wenig für deinen Weg inspiriert:

*Die Weisheit des gesamten Lebens vibriert in meinen Zellen.*

*Ich weiß, was zu tun ist.*

*In jeder meiner Handlungen und in jedem meiner Gedanken widme ich mich der Liebe!*

*Ich erkenne die Zeichen, folge sanft und hingebungsvoll meinen Träumen und verwirkliche sie zum Wohle aller Wesen!*

# KAPITEL 5

# Zeige dich

*Zeige dich ungeschminkt.*
*Entfalte und heile dich – mein Wunderkind.*

SEOM

# Vermeintlich Schlechtes wird Gutes

Es ist so befreiend, wenn wir uns erlauben, zu lernen.

Uns offen hinzugeben und schmerzhafte Erfahrungen als Lektionen zu sehen, ist ein großer Segen. Zugegeben, das ist nicht leicht. Die Königsklasse sozusagen.

Sicherlich kennst du das lähmende Gefühl einer Streitigkeit, welche dich emotional belastet. Genau so erging es mir kurz vor einem meiner wichtigsten Auftritte! Aufgrund einer persönlichen Auseinandersetzung war ich vor meinem großen Debütkonzert zu „Spirit" sehr aufgeregt und kurz davor, den gesamten Auftritt abzusagen.

Genau dieser Auftritt war die Weltpremiere meines Albums und du kannst dir sicher vorstellen, welchen Beigeschmack jener Moment für mich hatte. Ich zitterte am ganzen Körper und zweifelte stark an mir. Oftmals scheint uns das Leben genau jene Tests zu erschaffen, um uns zu prüfen. Es lag an mir, zu beweisen, dass ich meine Stärke entwickeln und für meinen Traum einstehen konnte. Mut bedeutet schließlich nicht die Abwesenheit von Angst, sondern sie an die Hand zu nehmen und trotzdem zu springen.

Ich war unendlich nervös, voller Sorgen und Ängsten auf der Bühne, vergaß Textstellen und war dadurch nur bedingt voller Zuversicht bei der Sache. Kurzzeitig kam ich wieder in meine Kraft, um mich einen Song später wieder in größter Panik im Inneren vorzufinden. Vollkommen ambivalent! Vielleicht kennst du das auch. Paradoxerweise war genau dieser Auftritt ein wunderschöner und zugleich einer der prägendsten meiner Karriere. Um genau zu sein, war es der Startschuss meines Weges auf einem neuen Level.

Das Publikum wusste nichts von alledem und war begeistert. Ich durfte erstmals wirklich viele CDs verkaufen und der bewegten Menge Autogramme geben. Ein Traum wurde wahr!

Doch nun ging die Verkettung der Zuführungen erst los. Das Besondere an jenem Auftritt war nämlich, dass Tilo Wondollek, einer der liebevollsten Menschen, die ich kennenlernen durfte, und zugleich ein großartiger Visionär, mein Konzert sah und anschließend zu mir kam. Er erklärte mir, dass er einen Kongress durchführe, und mich gerne als Künstler buchen wolle. Voller Freude sagte ich natürlich zu und durfte wenige Monate später auf einem gigantischen Gutshof bei München, einer wunderschönen Location, auftreten.

Als wäre das nicht genug, lernte ich dort weitere fantastische Menschen, Coaches und Künstler kennen. Unter anderem durfte ich mit dem weltbekannten Gitarristen Estas Tonne gemeinsam auftreten und eine kleine Jam-Session mit ihm zelebrieren.

Der gesamte Kongress wurde von einem professionellen Filmteam begleitet, das eine große DVD vom gesamten Programm erschuf. Es handelte sich um die liebevollen und von mir hochgeschätzten Freunde, Visionäre und Vorbilder Dunja und Maik, welche unter andere die „Cosmic Cine Filmfestivals" veranstalten. Damals kannte ich die beiden noch nicht. Doch bereits Jahre zuvor hatte ich große, spirituelle Filme gesehen, die von ihnen ausgezeichnet worden waren und dachte stets „Cosmic Cine" seien entfernte Filmexperten aus Hollywood. Plötzlich standen beide mit leuchtende Augen vor mir und sagten mir, dass mein Auftritt sie tief berührt und bewegt habe.

Schließlich fragten sie mich, ob ich nicht bei dem nächsten „Cosmic Cine Filmfestival" in Zürich und München mehrere Auftritte spielen möchte! Unfassbar! Mir sind vor Freude und Dankbarkeit fast die Tränen gekommen.

Weitere Monate später stand ich in gefüllten Kinosälen mit weltberühmten Regisseuren, Produzenten und Schauspielern, um vor deren Filmen meine Songs zu präsentieren. Unter anderem traf ich dort auf den Filmemacher Emmanuel Itier, welcher während meines Auftrittes vor Begeisterung ein Rad auf der Bühne schlug. Er war vollkommen außer sich und fragte spontan, ob ich mit einem Interview Teil seines neuen Filmes, welcher von Sharon Stone produziert werden solle, werden möchte. Die größten und bewegendsten Erfahrungen auf Bühnen durfte ich in diesen Tagen voller Dankbarkeit erfahren.

Und all das begann mit einem Auftritt, den ich aufgrund einer Auseinandersetzung zuvor fast absagen wollte und den ich trotz meiner Nervosität durchgezogen habe.

Das, was vermeintlich schlecht begann, wandelte sich zum Guten!

Du wirst nie wissen, wie der Kosmos die Erfüllung deiner Träume arrangieren wird. Oftmals ist es eine unglaubliche Verkettung von Zuführungen.

Also folge den Zeichen, nimm deine Angst an die Hand und schreite mutig voran.

# Chancen vermehren sich, wenn man sie ergreift

Diese einfache Erkenntnis hat sich im Laufe meines Werdeganges immer wieder bestätigt. Sie wird dir noch sehr oft begegnen und dich erinnern, wie wichtig es ist, den kleinsten Chancen stets hingebungsvoll nachzugehen.

Du weißt niemals, zu welcher weiteren Chance dich eine Gelegenheit führen wird.

Es ist jedes Mal aufs Neue eine märchenhafte Reise, geführt von den leuchtenden Fäden synchroner Zusammenhänge. Du wirst sie im Vorfeld nur sehr selten erkennen!

Wie ich schon einmal schrieb, kann ich es dir nicht erklären, ich kann dir nur davon erzählen. Alles hat seinen Sinn!

Ich bin den Veranstaltern des Festivals zutiefst dankbar für die Möglichkeiten, welche sich durch diesen ersten Auftritt für mich ergeben haben.

Ich lernte unendlich viel – über mich, mein Ego, meine Zweifel und nicht zuletzt darüber, dass es sehr wichtig ist, durch seine Angst zu gehen.

Vor allem lernte ich aber, dass es oft entscheidend ist, zu vertrauen. Vertrauen, dass die Intelligenz des Universums uns führen wird und alles arrangiert, wie es sein soll. Auch wenn unser Verstand, das Ego und die eigenen Vorstellungen es zunächst nicht wahrhaben möchten.

Erlaube dir stets einen Neuanfang, gehe Schritt für Schritt voller Mut in das Feld der Ungewissheit und beginne jeden Tag neu als eine liebende Kriegerin und ein liebender Krieger – nicht perfekt, aber jeden Tag gewillt, erneut zu lernen!

Deshalb folge stets dem Ruf deines Traumes!

## Stelle dich deinen Dämonen

Wenn du dich wirklich traust, dich deinen Ängsten zu stellen und dich nackt, unwissend und mutig zeigst, wird der Himmel dich mit einem strahlenden Feuerwerk, gleich einem Sternschnuppenregen, an Wundern beschenken.

Erst wenn du selbst bereit bist dein sicheres Gefilde zu verlassen, wirst du den wahren Glanz der auf dich wartenden, paradiesischen Pracht erfahren können.

Vertraue darauf!

# Von der Angst und der Befreiung aus ihren Klauen

Wie du nun weißt, war ich vor dem Premierenkonzert meines großen Albums „Spirit" extrem nervös und von starken Zweifeln begleitet. Zu meinem Glück kannten die anwesenden Gäste des Festivals die Texte des Albums noch nicht, was mir erlaubte, sie ein wenig zu vertauschen. Genau das tat ich, allerdings unfreiwillig, bei einem speziellen Lied an diesem Tag.

Es handelte sich um den Song „Berufung". Ein Stück, das mir selbst sehr am Herzen liegt und das den Menschen viel Mut, Kraft und Inspiration schenkt. Natürlich wollte ich dieses Lied gleich zu Beginn meines Konzertes spielen. Das Besondere an jenem Text ist, dass sich innerhalb der drei Strophen viele Satzanfänge ähneln, was die Gefahr in sich birgt, die Anfänge zu verwechseln. Das hat wiederum zur Folge, dass die Struktur des Textes bei einem falschen Einsatz nicht mehr zur musikalischen Struktur des Songs passt und das gesamte Lied in seinem Grundaufbau nicht mehr stimmt.

Vor lauter Aufregung und Nervosität ist mir genau das passiert!

Ich verwechselte die Anfänge einiger Textzeilen und war gezwun-
gen, den ganzen Song live auf eine neue Art zu improvisieren. Es
war ein nervenaufreibendes Szenario für mich. Stelle dir einmal
vor, du trägst einen Song vor vielen hunderten Menschen vor, ge-
filmt von einigen Kameras, und vergisst den Text, singst dennoch
weiter und denkst dir während des Singens ständig „Fuck, fuck,
fuck – ich verbaue gerade den gesamten Song ...", während du
dich weiter auf deine Improvisation konzentrieren musst.

Irgendwann rief ich in meiner Unsicherheit wegen des vergesse-
nen Textes einfach immer wieder: „Folge deinem himmlischen
Ruf, folge deinem himmlischen Ruf, folge deinem himmlischen
Ruf ..." – und das Publikum rief begeistert: „Jaaa!"

Retrospektiv klingt es natürlich sehr lustig, doch das war es in
diesem Moment für mich leider keinesfalls. Es fühlte sich wie
eine große Niederlage an. Die Erfahrung dieses Momentes war
aus künstlerischer Sicht tatsächlich schon fast traumatisch für
mich. Es war meine ganz eigene Erfahrung einer großen Angst.

Der Angst zu versagen. Es war die Angst, im ungünstigsten Moment zu versagen und sich selbst zu enttäuschen. Auch wenn es lächerlich klingen mag, so beschäftigte mich diese Erfahrung sehr, sehr lange.

Bei allen weiteren Konzerten beschloss ich für mich selbst, den Song „Berufung" nicht mehr live zu spielen. Ich wollte diese Erfahrung der Angst nicht noch einmal erleben. Nicht auf der Bühne, nicht bei dem, was ich so sehr liebte.

Ich hatte große Sorge, dass genau dieses Ereignis sich noch einmal wiederholen könnte. Also strich ich den Song einfach aus meinem Liveprogramm. Niemand wusste von meiner Angst und ich hatte schließlich das Recht, zu bestimmen, welche Songs ich live spiele.

Ich tat genau das, was viele von uns sehr häufig tun. Ich tat so, als ob nichts wäre und versteckte mich vor meiner Angst. Ich wusste, dass sie da war, doch ich ignorierte sie still und heimlich.

Wenn ich auf Konzerten gefragt wurde, wann ich denn diesen einen Song spielen würde, sagte ich stets, dass ich das Instrumental dazu nicht dabei hätte. Das stimmte sogar, denn ich hatte es absichtlich nicht mitgenommen, um mich der Angst nicht doch noch stellen zu müssen.

Warum ich dir all das so offen und ehrlich erzähle?

Weil ich denke, dass es dir manchmal auch so ergeht.

Irgendwann, auf irgendeiner anderen Ebene, wirst du diese Erfahrung ebenfalls machen oder gemacht haben.

Deshalb achte nun genau auf das, was passierte, als ich den Kreis durchbrach und mich aus den Klauen der Angst befreite!

# Zeige dich und du wirst fürstlich belohnt

Nach ungefähr 20 weiteren Konzerten, bei denen ich dieses geheime Spiel immer wieder spielte, spürte ich klar und deutlich, dass es so einfach nicht mehr weitergehen konnte. Ich konnte den Menschen doch nicht in meinen Seminaren erzählen, dass sie sich aus ihrer Komfortzone bewegen und voller Mut handeln sollen, während ich mich heimlich hinter meiner Angst versteckte.

Also entschied ich, den Song „Berufung" von nun an bei jedem Konzert als erstes Lied im Programm live zu spielen.

Wo auch immer ich war, wie groß die Bühnen auch sein mögen, wer auch immer mir zuhören würde – ich stelle mich meiner Angst!

Genau das tat ich! Die Menschen waren begeistert, den Song auf dem ersten Konzert zu hören und genau einen Tag später geschah das Unglaubliche!

Es war der großartige Autor, Coach und Visionär Robert Betz, der vom Himmel geschickt worden war, um mir die Belohnung für meinen Mut zu überreichen. Nachdem ich von besagtem Konzert nach Hause gekommen war und meine Mails checkte, sah ich, dass extrem viele Menschen mein Album über meinen Onlineshop bestellt hatten. Es waren mehr Menschen als an allen Tagen zuvor. Ich prüfte meine Nachrichten bei Facebook und sah, dass mir hunderte Menschen Kommentare, Nachrichten und dankende Worte hinterlassen hatten.

Was war hier passiert?

Dann sah ich es: Robert Betz hatte meinen Song „Berufung" auf seiner Facebook-Seite geteilt und zusätzlich den gesamten Songtext abgetippt. Genau diesen Song, genau zu diesem Zeitpunkt! Viele Tausend Menschen hatten den Beitrag gelesen und daraufhin mein Video angesehen.

Meiner Meinung nach kann man nicht mehr von Zufall sprechen. Einen Tag später bestellte sich Robert das gesamte Album und mein Buch „Feel Go(o)d". Ich habe ihm den Hintergrund dieser Geschichte nie erzählt, doch freue mich schon jetzt sehr, wenn er die Magie seiner Handlung in diesen Zeilen nachlesen darf.

Danke, Robert!

Wir alle wissen niemals, welche grandiosen Fügungen für uns arrangiert werden, wenn wir nur den Mut haben, uns den eigenen Ängsten zu stellen.

Traue dich jeden Tag aufs Neue, deine Grenzen zu überwinden.

Ich weiß, dass es bequem ist, sich weiter zu verstecken, niemandem von der Angst zu erzählen und seinen Weg einfach weiterzugehen. Doch ich weiß auch, dass es ein unendlich befreiendes Gefühl und ein riesengroßes Geschenk ist, sich der Angst endlich zu stellen, sie zu seinem Freund zu machen und fabelhafte Belohnungen, innen wie außen, dafür zu erhalten.

Traue dich!

*Es geht nicht darum, was dir im Leben passiert,*
*sondern wie du darauf reagierst.*

EPICTETUS

# Vom Fall in die Tiefe

Meine wundervolle Partnerin und ich haben seither einen Pakt geschlossen: Immer, wenn einer von uns beiden vor etwas Angst hat, muss er es tun. In seinem Tempo, voller Hingabe, und dennoch muss es getan werden.

So erzählte Johanna mir eines Tages von ihrer leichten Höhenangst und ein paar Wochen später fanden wir uns auf einer Autobahnbrücke wieder, von welcher wir mit großen Schwungseilen herunterspringen durften. Johannas Angst lähmte sie förmlich, als sie von der Autobahnbrücke in die Tiefe blickte. Dann kam die befreiende Erkenntnis. Sie hatte niemals vor der Höhe Angst gehabt, sondern vor der Tiefe. Es war die Tiefe in ihr selbst. Die Tiefe zu ihrem Inneren und zu ihren Gefühlen.

Während des Sprunges in die Tiefe flossen viele Tränen und nachdem ich ebenfalls unten angekommen war, erwartete mich dort ein anderer Mensch. Johanna beschrieb diesen Moment später als eine große Befreiung aus einem unsichtbaren Gefängnis. Die Entfesselung aus den Ketten der eigenen Verdrängung. Sie erfuhr ein tieferes Vertrauen, und geht seit jenem Tag immer und immer weiter in die eigene Tiefe.

Oftmals ist ein Ritual, ein symbolhafter Sprung im Außen, tatsächlich wirksam, um unserem Unterbewusstsein eine große Entscheidung zu vermitteln und diese zu untermauern.

Eine kleine **Übung** für dich:

„Ich bin eine mutige, sanfte Kriegerin der Liebe!"

„Ich bin ein mutiger, sanfter Krieger der Liebe!"

Stelle dich in dieser Woche einer persönlichen, ureigenen Angst. Vielleicht hattest du als Kind eine negative Erfahrung in der Schule, als du ein Referat halten solltest. Vielleicht hattest du immer Angst, deinem Vater, deinem Partner oder einer anderen Person von deinen Gefühlen zu berichten. Was auch immer es sein mag, stelle dich deiner Angst voller Vertrauen und erkläre die kommende Woche zu deiner ganz persönlichen Woche des Mutes. Überwinde liebevoll deine Grenzen.

Die folgenden Zeilen sollen dir helfen, dich ein wenig zu **inspirieren**. Trage deine Gedanken gerne direkt in das Buch ein und erkenne deine Ehrlichkeit als das Symbol an, auf welches deine Angst schon lange wartet, um endlich gesehen und angenommen zu werden.

## Meine Woche des Mutes

Welche Angst begleitet mich schon seit langem?

Was kann ich jetzt tun, um mich meiner Angst sanft und mutig zu stellen?

Was geschah innerlich, als ich mich meiner Angst stellte?

Was geschah äußerlich, als ich mich meiner Angst stellte?

Wie fühlte ich mich, als ich meine Angst überwunden hatte?

Meine Angst, zu versagen, war sehr eng verknüpft mit der Angst, nicht zu genügen und somit nicht geliebt zu werden.

Wenn du dieses Gefühl kennst, dann mach dir bitte bewusst, dass du ein formvollendetes, liebenswertes Wesen bist.

Ja, ich meine genau dich!

Du bist wundervoll!

# KAPITEL 6

# Alles ist verbunden

*Wir sind verbunden, durch das Seil aller Dinge*
*so wie Wurzeln, tief unten im Reich weiser Stille.*
*Die Größe liegt oft in einer winzig kleinen Hülle,*
*darum erfüll dir deine Wünsche und erwünsch dir reine Fülle!*

SEOM

Nun kommt eine Geschichte aus meinem Leben, die wie das Drehbuch eines Filmes klingt. Sie führt die Erkenntnisse der vergangenen Seiten auf wunderschöne Weise zusammen.

Du weißt, dass alles lebt und atmet.

Alles ist verbunden.

Durch diese Tatsache wirst du in Kontakt mit dem treten, was dich sucht und das, was du suchst, findet dich schließlich.

All das mag theoretisch klingen, deshalb möchte ich es ganz klar und direkt formulieren.

Wenn du die Regeln verstehst und befolgst, wirst du zu Menschen und Umständen geführt werden, die dir Offenbarungen schenken und dich zu immer mehr Verkettungen von Wundern führen.

*Die Magie des Lebens ist grenzenlos*

*Unsere Wünsche sind Vorgefühle der Fähigkeiten,*
*die in uns liegen, Vorboten desjenigen,*
*was wir zu leisten imstande sein werden.*

JOHANN WOLFGANG VON GOETHE

**Vorgeschichte:**

Ende 2015 legte ich drei entscheidende Ziele für mich fest:

1. Ich wünschte mir eine professionelle Videoproduktionsfirma, die gratis mit mir arbeitet und hochwertige Musikvideos zu meiner Musik erschafft.

2. Ich wünschte mir, die Möglichkeit zu haben, in hochprofessionellen Studios meine Songs mit liebevollen und ehrlichen Tontechnikern aufnehmen zu können.

3. Ich wünschte mir die finanzielle Freiheit, eine Weltreise zu finanzieren.

Dies waren meine Wünsche, die ich jeden Tag mit Gedanken der Dankbarkeit und der Freude umhüllt habe.

Wie all dies möglich sein sollte, wusste ich nicht, doch ich vertraute darauf, dass sich alles fügen würde.

Täglich stellte ich mir die Erfüllung jener Ziele vor, als seien sie bereits Realität. Dann geschah Folgendes ...

**Zürich:**

Es war ein kühler Samstagvormittag im März als ich auf der Lebenskraftmesse in Zürich erleben durfte, wie undurchschaubar zauberhaft und überaus genial der Kosmos die Dinge, Begebenheiten und Momente verknüpft.

Ich war mit meiner guten Freundin, der Astrologin Regina Casanova, mit der ich gemeinsame Workshops und Tagesseminare abhalte, in Zürich, um unsere Arbeit in Kurzworkshops zu präsentieren und die Menschen zu berühren. Neben den Auftritten und Workshops hatten wir Verkaufsstände auf der Messe.

Soviel vorab: Ich bin absolut kein Fan von Verkaufsständen auf Messen. Besonders dann nicht, wenn ich mich selbst hinter einem befinde. Somit erschienen mir die Zeitabstände zwischen unseren Workshops innerhalb der Messe unendlich lange. Ich fühlte mich an diesem Stand einfach deplatziert.

Glücklicherweise war ich in bester Gesellschaft. Neben meiner wundervollen Partnerin und Regina mit ihrer Freundin begleitete mich meine beste Freundin Katrin. Nachmittags besuchte uns eine weitere, sehr gute Freundin mit ihrer Schwester. Es war Patrizia – genau, die Frau, welche mich schon nach Ibiza geholt hatte – sie ist eine zauberhafte, sehr weise Frau und zudem ein hellsichtiges Medium. Wichtig zu wissen ist, dass ich um ihre hellsichtigen Fähigkeiten weiß und sie als Freundin sehr schätze.

Wir verbrachten also die Stunden auf jener Messe und ich war ein klein wenig erschrocken über die Geschäftsmodelle der Standbetreiber um uns herum. Für mich ist Spiritualität etwas Wundervolles, ja etwas Heiliges, und es tat mir weh, zu sehen, dass viele Menschen mit dem Glauben und dem Leid anderer Menschen so offensichtlich und gezielt Profit machen wollten. Da wollte man beispielsweise meine Aura fast schon im Vorbeigehen spontan für 400 Euro operieren, meine Zukunft für 300 Euro vorhersagen und mir mit Hilfe von magischen Ritualen, Zaubersteinen, Kristallketten oder für einen Haufen Geld Blockaden, von deren Existenz ich nicht mal etwas wusste, lösen. Kurz gesagt, ich war teilweise dezent erschüttert, was hier vor sich ging. Versteh mich bitte richtig. Jeder Heiler soll gerne Geld verdienen, nur sollte man meiner Meinung nach auch wirklich zum Wohle der Menschen handeln. Ich selbst stand an unserem Verkaufsstand mit meinen CDs, doch ich hatte leider nicht einmal einen CD-Player oder Boxen dabei. So konnten interessierte Besucher der Messe meine Musik nicht hören und es kam immer wieder zum gleichen Gesprächsablauf:

Ein interessierter Besucher fragte: „Guten Tag, was machen sie denn für Musik?"

Ich: „Ich mache spirituellen Rap!"

„Oh, Rap mag ich gar nicht. Rap mochte ich noch nie! Auf Wiedersehen."

So verlief in etwa jedes Gespräch während der gesamten Zeit an unserem Stand. Motivierende Momente sehen anders aus. Nachdem der Tag an unserem Verkaufsstand nicht zu vergehen schien, machte irgendjemand (ich fürchte sogar, ich selbst war der Urheber der Idee) den Vorschlag, dass ich ein zusätzliches, spontanes Konzert innerhalb der Messehalle geben könne. Regina war sofort begeistert von dem Gedanken und setzte sich umgehend mit den Hauptveranstaltern der Messe in Verbindung. Diese erklärten, dass ich auf einer Galerie oberhalb aller Messestände mit einem Verstärker inklusive Boxen, welche sie zur Verfügung stellten, einen Song spielen dürfe. Natürlich wollte ich mir von meinem „Auftrittsort" zunächst selbst ein Bild verschaffen. Kurz darauf stand ich auf der Galerie und blickte auf die vielen Messestände unter mir mit dem geschäftigem Treiben, hunderten Besuchern und sehr vielen Standbetreibern, die offensichtlich enorm um ihr Geschäft bemüht waren.

Hier auftreten? Ungefragt? Auf gar keinen Fall! Ich war doch nicht bekloppt. Schließlich hatten mir im Laufe des Tages gefühlt hundert Personen ganz direkt gesagt, dass sie Rapmusik im Allgemeinen überhaupt nicht mögen.

Über den Köpfen all der Handleser, Aura-Chirurgen und selbsternannten Wunderheiler, die auch ohne meine Störung ihr Revier sehr vehement verteidigten, würde ich doch nicht ungefragt meine Songs spielen. Nun sollte ich also einen Auftritt vor all diesen Verkäufern spielen und somit die Aufmerksamkeit ihrer potenziellen Kunden auf mich ziehen. Nein, das war für mich einfach undenkbar. Mein Verstand drehte durch … Was würden all die Gäste der Messe denken? „Was macht dieser junge Typ nur da oben? Was soll das? Ist das Rapmusik? Rap mochten wir noch nie!"

So viele kritische Gedanken suchten meinen Verstand heim. Also tat ich das, was viele machen würden. Ich flüchtete und verließ die Galerie über eine große Treppe noch schneller, als ich hoch gegangen war. Nachdem ich fast unten angelangt war, traf ich auf Patrizia und ihre Schwester. Ich muss dazu sagen, dass ich sie besonders für ihre Direktheit liebe, welche mir nun zum Verhängnis (und später zum Segen) wurde.

Unser Gespräch verlief in etwa folgendermaßen:

Patrizia fragte: „Was machst du da oben mein Freund?"

„Ich, ähhhm, ich sollte einen Song live spielen, aber ich störe mit Sicherheit jeden, die Menschen hier mögen keinen Rap und die Standbetreiber werden sicher genervt davon sein und …"

„Du hast Angst!", unterbrach sie mich.

„Sieh nur wie rot er ist, er schämt sich – er steht nicht zu seinem Können", ergänzte Patrizias Schwester sehr direkt.

Patrizia fuhr mit ruhiger Stimme fort: „Du weißt, dass du dich deiner Angst stellen musst. Du weißt, dass du dich vor nichts und niemandem verstecken musst! Wenn du Angst vor etwas hast, dann musst du es machen … das weißt du!"

Nach zwei Argumentationsversuchen meinerseits, die mit einem lächerlichen „Ja, aber …" begannen, sah ich es kapitulierend ein. Sie hatte einfach recht. Ja, ich hatte Angst. Angst vor den Reaktionen. Angst, jemanden zu stören, Angst, jemandem auf die Nerven zu gehen. Es war diese alte Angst, die wir fast alle noch aus der Kindheit kennen. Die Angst, einfach abgelehnt, ausgelacht und ausgebuht zu werden. Die Angst zu versagen, nicht geliebt zu werden und somit die Angst … sich zu zeigen!

Ich musste es tun. Fuck!

Bevor ich die Treppe schweren Schrittes also wieder nach oben ging, sagte Patrizia noch den entscheidenden Satz, an welchen ich noch sehr lange denken sollte:

„Du weißt noch nicht, für was es gut sein wird. Vertraue einfach, stelle dich deiner Angst und vertraue!"

Also gut, ich vertraute, so gut es eben ging, prüfte das Equipment und alle Kabel, starb zweimal fast vor Nervosität, blickte auf die Köpfe der vorbeilaufenden Menschen unter mir und fragte mich die ganze Zeit, was ich hier eigentlich mache. Dann ging es los. Ich spielte meinen Song, am Geländer stehend mit dem Blick auf die teilweise verwirrt, teilweise berührt wirkenden Gesichter unter mir und fragte mich während dieser Performance durchgehend: „Was soll das alles bringen?"

Es dauerte keine zwei Minuten, bis sich die ersten Standbetreiber über die musikalische Ablenkung beschwerten und die Hauptveranstalterin uns bat, das spontane Konzert nach diesem einen Song direkt wieder zu beenden.

Während ich dort oben stand, meinen Song mit Panik im Nacken vortragend, fragte ich mich die ganze Zeit immer und immer wieder: „Was zur Hölle machst du hier eigentlich? Hast du solche Momente nicht eigentlich schon hinter dir?"

Nach einem sehr verhaltenen Applaus meines unfreiwilligen Publikums packte ich meine Ausrüstung zusammen, während die Antwort auf meine Frage direkt auf mich zulief. Eine junge Dame im Business-Outfit stand plötzlich vor mir und fragte, ob ich gerade diesen berührenden Song gespielt hatte.

„Ja …?", entgegnete ich zögernd.

„Wunderbar", antwortete sie. „Ich darf Sie im Namen einer gro-ßen Schweizer Gesundheitsfirma bitten, mir kurz zur Geschäfts-leitung zu folgen. Sie möchten sofort mit Ihnen sprechen."

Wenige Augenblicke später stand ich vor ein paar Herren in An-zügen und plötzlich erklärte mir der Geschäftsführer jener Ge-sundheitsfirma, dass er schon lange einen guten Songwriter su-che, der in der Lage sei, die Werte seiner Organisation in einen Song zu kleiden.

Der Inhalt sollte sich nicht direkt um seine Firma drehen, son-dern den Zustand der Welt beschreiben und Kraft geben. Es sollte ein Song sein, der Mut macht, der die Menschen berührt und zeigt, dass wir die Welt gemeinsam wieder aufbauen und retten können. Der Song sollte ehrlich, direkt und erbauend sein. Genau mein Spezialgebiet. Also einigten wir uns sehr schnell über die Inhalte, die Konditionen und meine gewünschte künstlerische Freiheit. Wir besprachen die Details und waren uns sofort einig.

Kurze Zeit später erklärte mir die Firma, dass aus dem einen Song doch besser zwei Songs gemacht werden sollten und sich mein Honorar dadurch natürlich auch verdoppeln würde. Die Songs sollten außerdem mit professionellen Musikvideos unterlegt wer-den und dann mehrmals pro Woche im Schweizer Fernsehen und über Astra-Kanäle auf vielen Internetplattformen zu sehen sein.

Da es sich um eine größere Firma aus der Schweiz handelte, fiel das Honorar auch dementsprechend hoch aus. Es reichte nach Abschluss des Projektes für meine Weltreise.

Nur noch einmal zum Verständnis: Ich hatte keine Ahnung, weshalb ich auf dieser Galerie auftreten sollte, doch der Kosmos, Gott oder wie auch immer du es nennen möchtest, wusste es sehr genau. Es war nötig, mich zitternd, nackt, unwissend und dennoch im Vertrauen meiner Angst zu stellen, um einer solch großartigen Chance sowie synchron erschaffenen Fügung den Raum zu ihrer Entfaltung zu verleihen. Fast schon unglaublich.

Patrizia grinste nur. Ich habe keine Ahnung, ob sie all das gewusst, geahnt oder erwartet hatte. Es spielt auch keine Rolle.

Magie bleibt Magie. Stelle dich deinen Ängsten und räume dem Kosmos die Möglichkeit ein, für dich alles Notwendige bereitzustellen, was dich und deine Träume erfüllen wird.

Du möchtest sicher wissen, wie die Geschichte weitergeht.

Ich schrieb die beiden Songs mit Freude und Leichtigkeit. Wie es die Fügung wollte, waren Johanna und ich eine Woche nach der Messe im Urlaub in Andalusien. Dort verfasste ich die Texte auf einer Dachterrasse mit Meerblick und einem Espresso in der Hand. So viel zum Thema, dass Arbeit und Geld verdienen hart sein soll.

Mit dem vereinbarten Budget wollte ich nun ein großes Studio mieten, um die Titel professionell aufzunehmen. Durch den Tipp eines Freundes bekam ich die Adresse eines großartigen Musikproduzenten und Tontechnikers, der ein eigenes, fantastisches Studio besitzt. Das Studio war 500 km von mir entfernt und dennoch hatte ich das Gefühl, ich sollte dieser Fügung nachgehen. Also rief ich an und telefonierte mit Andy Eicher, dem Besitzer des Studios. Wir verstanden uns sofort blendend und er erzählte mir, dass er meine Musik schon lange kenne und sich auch auf einen Anruf wie diesen gefreut habe. Sofort spürte ich, dass diese Verbindung einen Hauch Magie in sich trug.

Also fuhr ich nach Österreich in Andys Studio und wir produzierten gemeinsam mit Shu, einem hochbegabten Komponisten, die Musik für besagte Songs. In jenen drei Tagen lernten wir uns voller Freude kennen und arbeiteten voller Hingabe, genauso wie ich es mir immer gewünscht hatte. Schon nach kurzer Zeit stand fest, dass wir in Zukunft noch viel Musik und großartige Projekte erschaffen würden. Seine Frau sowie seine gesamte Familie wurden zu guten Freunden und später arbeiteten wir zusammen an meinem Album „Sternenstaub", kreierten ein eigenes Klangei zum Album, erschufen Theaterkonzerte in Österreich und arbeiteten durch die Plattenfirma von Andy und seiner Geschäftspartnerin Yvonne voller Freude zusammen. Magie.

Ich hatte tatsächlich, durch zauberhafte Fügungen, genau das, was ich mir immer gewünscht habe: ein professionelles Musikstudio, einen liebevollen, ehrlichen und engagierten Produzenten, Komponisten und Tontechniker sowie einen weiteren Freund und Gefährten für das Leben.

Nun waren die Songs fertig und ich übergab die fertigen Stücke an meine Schweizer Auftraggeber voller Freude. Die gesamte Firma und die Hörer der Songs waren begeistert von den Stücken. Kurze Zeit später erhielt ich einen Anruf des Geschäftsführers, der mir mitteilte, dass ich nun nach Baden Baden reisen dürfe, um mit einer beauftragten Video-Produktionsfirma die Musikvideos zu den Songs zu erschaffen. Jene Produktionsfirma war das Professionellste, was ich seither erlebt hatte. Sie arbeiteten bereits mit Künstlern wie den Fantastischen Vier, Janet Jackson und vielen internationalen Stars zusammen. Wir erschufen in 14 Stunden Drehzeit zwei professionelle Musikvideos und ich durfte voller Staunen feststellen, dass sich meine Vision auf zauberhafte Weise, absolut unvorhersehbar, erfüllt und verwirklicht hat. Mit dem Honorar für meine Leistungen konnte ich mir sofort meine Reise finanzieren! Ein weiterer Traum wurde auf einmal wahr und erst jetzt realisierte ich, dass sich all meine visualisierten Wünsche auf einen Streich erfüllten. Alle drei Träume, die ich Monate zuvor als große Wünsche des Jahres notiert hatte, erfüllten sich auf einen Schlag.

Und alles begann mit der einfachen Überwindung meiner Ängste!

Ich stellte mich meiner Angst, ohne zu wissen, warum, und wurde reich beschenkt.

Wie sagte ELFRIEDE HABLÉ doch so schön:

> *Wünsche sind die beachtlichsten Brückenbauer*
> *und die mutigsten Begeher.*

# KAPITEL 7

# Nach Schatten kommt Licht

*Entweder siehst du Sommertage oder Regenzeiten,*
*sammelst Gründe loszulaufen oder stehenzubleiben.*
*Du kannst auf deine Fähigkeiten oder deine Fehler zeigen.*
*Du siehst Hindernisse oder nur Gelegenheiten.*

SEOM

# Erlebe deinen Quantensprung

Wenn du den Mut hast, dich auch bei Angst, Unsicherheit und Zweifeln deiner Aufgabe zu widmen, wirst du vielseitig und mehr als großzügig belohnt werden. Du wirst die Zusammenhänge im Vorfeld oft nicht erkennen. Du wirst die Sicherheit, dass etwas nach deinem Plan geschieht, weder sehen noch mit ihr rechnen können. Doch du wirst belohnt und auf unterschiedlichste Art begeistert werden, wenn du den Mut hast, den Impulsen zu folgen und dich deiner Angst zu stellen!

Gerade in der jetzigen Zeitqualität wirst du erleben, wie sich Gedanken und Visionen auf sehr direkte Art und Weise manifestieren. Es ist jenes Wissen, welches seit Jahrtausenden vermittelt und gelehrt wird.

Wie oben so unten, wie innen so außen.

Du musst den Weg selbst beschreiten.

Auf deinen auserwählten Pfaden und in deinem Tempo.

Nichts ist sicher und dennoch kann ich dir eines versichern:

Die Magie des Lebens ist grenzenlos und wartet nur darauf, durch deine Schritte in das Unbekannte freigelegt und erfahren zu werden!

Die Dinge sind durch ein unsichtbares Netz verbunden und Menschen, Begebenheiten sowie Wege werden sich verknüpfen, um dir zu helfen. Sei es auf persönlicher oder auf globaler Ebene.

Tauche in die Stille, zeige Mut und erkenne, dass der gesamte Kosmos dir helfen wird!

# *Durch den Schatten zum Licht*

Du erinnerst dich sicherlich noch an meine Erfahrungen in Kolumbien, als Johanna und ich uns trauten, den Zeichen zu folgen und uns leiten ließen. Willst du wissen, wie es weiterging?

Wenige Tage später erfuhren wir eine weitere, aufregende Erkenntnis des Lebens: Manchmal müssen wir durch Stürme segeln, um das Paradies zu finden.

## PANAMA

Nach unserem himmlischen Ausflug in die Sierra Nevada reisten wir mit den Einheimischen in Bussen freudig und offen durch Kolumbien. Wir beschlossen, uns treiben zu lassen und den Geschichten der Menschen zu lauschen. So kamen wir zwar sehr langsam voran, erfuhren aber sehr viel über das Leben der Einheimischen auf dem Weg zur Arbeit. Wir bewegten uns an der karibischen Küste Kolumbiens entlang durch das Land. Unser nächstes Ziel sollte nun Panama sein. Da wir jedoch keinerlei

Pläne machten, keinen Reisführer besaßen und uns auch nicht weiter informiert hatten, wussten wir nicht, dass es keinen Landweg nach Panama gibt.

Wenn man die beiden Länder auf der Karte betrachtet, könnte man meinen, dass es möglich sei, per Bus von Kolumbien nach Panama zu reisen. Dies ist leider nicht so. Zwar grenzen die Länder aneinander, doch es existiert im Dschungel kein offizieller Landweg mit einem Grenzübergang. Selbst wenn du es also durch den Dschungel Kolumbiens schaffen solltest, wärst du illegal und ohne Einreisestempel in Panama.

All das erfuhren wir erst, als wir in der wunderschönen Stadt Cartagena waren und überlegten, wie unsere Reise weitergehen solle. Es gab natürlich die Möglichkeit, spontan nach Panama zu fliegen, jedoch erschien uns das relativ teuer und auch ein wenig langweilig.

Während eines Spaziergangs sprach uns eine freundliche Kolumbianerin an und fragte, ob wir gerne nach Panama segeln möchten. Verwundert fragten wir nach, wie das genau ablaufen würde. Mit leuchtenden Augen sprach sie von einem „romantic sailing trip" durch die Karibik, welcher sechs Tage dauern und uns unter anderem zu den San Blas-Inseln vorbei bis nach Panama führen würde. Nun wurde ich sehr, sehr hellhörig …

Die San Blas-Inseln gehörten zu den Orten der Welt, die ich unbedingt sehen wollte. Sie standen auf meiner großen Liste! Ich las schon oft von diesem Ort und hörte auch, dass es sehr kostspielig sei, dort hinzukommen. Es handelt sich um ein kleines Paradies in der Karibik von über 300 Inselgruppen, welche in türkisfarbenem, kristallklarem Wasser liegen und für ihre umwerfende Schönheit bekannt sind. Manche dieser Inseln sind gerade einmal 25 Quadratmeter groß, von weißem Sand verziert und allesamt mit saftig grünen Palmen geschmückt. Am Meeresboden schimmern Seesterne und die Inseln sind teilweise durch Sandbänke und traumhafte Riffe verbunden. Da es untersagt ist, mit Motorbooten zu den Inseln zu reisen, eine zusätzliche Steuer auf den Besuch zu entrichten ist, und keine Hotels oder ähnliches dort errichtet werden dürfen, ist dieses Paradies weitestgehend beschützt und bewahrt. Von weißen Segelyachten abgesehen, ist man dort alleine im Paradies und trifft auf einheimische Inselbewohner und malerische Strände.

Diese Inselgruppen wollte ich also unbedingt einmal besuchen.

Nachdem der angebotene Preis für den „romantischen Segeltörn" fast genauso teuer wie die Flüge nach Panama war, stand die Entscheidung schnell fest und wir buchten das Abenteuer ins Paradies. Welch ein großes Abenteuer es tatsächlich werden sollte, ahnten wir zu diesem Zeitpunkt allerdings noch nicht.

Wenige Tage später ging es los und wir standen vor Einbruch der Dunkelheit erwartungsvoll am Hafen einer kleinen Stadt am Rande Kolumbiens.

Die erste skurrile Situation entstand, als plötzlich mehrere kolumbianische Soldaten des Militärs und Polizisten unser Gepäck durchsuchten, da der Drogenschmuggel über den Seeweg von Kolumbien nach Panama recht verbreitet war. Ich schaute den schwer bewaffneten Soldaten gelassen und entspannt zu, wie sie meinen großen Rucksack durchwühlten und wurde plötzlich nervös, als sie mein kleines, ledernes Reisemäppchen auspackten. Ich ahnte eine ungünstige Verwechslung. Da mein Vater Heilpraktiker und Homöopath ist, hatte er mir ein sehr umfangreiches Mäppchen mit Globuli für unsere Reise zusammengestellt. In jenem Mäppchen befanden sich ungefähr 60 kleine Glasröhrchen, gefüllt mit mehreren hundert weißen Kügelchen. Wie dieses Bild meiner homöopathischen Reiseapotheke auf einen kolumbianischen Drogenfahnder wirkt, überlegte ich mir erst jetzt. Glücklicherweise interessierte ihn eine solche Menge an „weißen Kügelchen" scheinbar kaum. Als er mich zur Rede stellte, erklärte ich leicht nervös den Hintergrund und er ließ uns lächelnd das Schiff passieren. Nach dezentem Herzklopfen sollte es also losgehen.

Unsere Reise über das Meer …

# Durch Stürme in das Paradies

Zugegeben, manchmal sind Johanna und ich ein wenig naiv. Wir rechneten aus irgendeinem Grund mit einem eigenen kleinen Boot, welches uns luxuriös durch die Karibik segelt und mit ein paar Tauchstopps, Bacardi-Werbespotfeeling und leckerem Essen verwöhnt.

Die Realität sah etwas anders aus.

Als unsere Rücksäcke auf einen großen Haufen anderer Rucksäcke in die Mitte eines kleinen, sehr schmuddeligen Bootes geworfen wurden, stellte Johanna die zuckersüße Frage in den Raum, ob dies wohl das Gepäckboot zu unserem Segelboot sei.

Nein, war es nicht. Es war unser Boot.

Es war ein sehr fragil wirkendes und deutlich in die Jahre gekommenes Boot für sechs Personen. Als dann die zehnte Person das Boot betrat, fingen wir an, uns ernsthaft Gedanken zu machen, ob der „romantic sailing trip" durch die Karibik als Beschreibung vielleicht ironisch gemeint war.

Neben zwei jungen, dezent betrunkenen Australiern betraten drei nicht weniger betrunkene, junge Engländer mit vielen Tüten voller Rum und Bier das Boot. Gefolgt von einer zweiköpfigen Crew und dem Kapitän. Dieser erklärte uns die festgelegten Regeln. Nur die Frauen sollten die Toilette verwenden, da diese sehr schnell verstopfen und überlaufen würde (dies dauerte tatsächlich nicht lange), aufgrund einer leichten Überbelegung des Schiffes müssen einige Personen auf dem Boden schlafen und die Crew bleibe sechs Tage lang an Deck, da es ansonsten keine verfügbaren Plätze mehr gäbe. Es würde also sehr eng und intim werden. Der Kapitän sammelte unsere Pässe ein, was mich erst später zum Nachdenken brachte ... und dann ging es los.

Wir legten ab und fuhren in die sternenklare Nacht mitten auf das offene Meer hinaus.

Auf nach Panama, unserem zweiten, großen Abenteuer der Weltreise.

Johanna und ich blickten auf die sich entfernenden Lichter Kolumbiens, beobachteten verliebt den Mond und sie sagte ganz gerührt, dass dies der wohl schönste Moment ihres Lebens sei. Das änderte sich leider nach wenigen Stunden sehr schnell.

Wir steuerten recht bald auf ein großes Gewitter zu und das Meer wurde zunehmend rauer. Von Minute zu Minute formten sich die Wellen immer höher und unser Boot wurde zum Spielball des

Ozeans. Innerhalb weniger Minuten wurden alle englischen und australischen Passagiere seekrank und übergaben sich abwechselnd für die folgenden Stunden in das tosende Meer. Was in den nächsten drei Tagen folgte, ist schwer in Worte zu fassen.

Ein nie endender Sturm …

Blitze schlugen neben unserem Boot in das Wasser ein, unaufhörlicher Regen peitschte in unsere Gesichter und die Wellen nahmen Formen und Höhen an, die ich nur aus Beschreibungen wilder Romane kannte. Teilweise war der Horizont nicht mehr zu sehen und wir klammerten uns an das Boot, während die meisten der Reisenden noch immer mit schweren Magenproblemen kämpften. Das Boot stach mit dem Bug so tief in die Wellen, dass unfassbar große Wassermassen über uns flogen und wir nichts tun konnten, außer versuchen klarzukommen – „einfach nur klarkommen", ein großes Mantra für viele Stunden.

Die Engländer sagten den Stürmen mit ihrem Rum den Kampf an und gestalteten sich die Reise auf sehr klischeehafte, typisch englische Art und Weise. Es zeichneten sich unglaublich skurrile Bilder ab.

Der schwer betrunkene 20-jährige Max steuerte bei Windstärke 6 und tosendem Sturm mit zwei Flaschen Rum in der Hand und zwei Zigaretten im Mund nach vorne, um mit seinem Freund Ben die Titanic-Szene nachspielen zu können. Mehr als einmal dachte ich, dass wir Panama nicht mit zehn Personen an Bord erreichen werden.

Ich fragte den Kapitän, was er machen würde, wenn einer der Betrunkenen in diesem Sturm über Bord gehe und er antwortete lächelnd, dass er den Pass hinterherwerfen würde. Noch heute denke ich gelegentlich über die Ernsthaftigkeit seiner Worte nach.

Zwischendurch legte sich der Sturm für wenige Stunden und wir bekamen Bilder der größten Schönheit geschenkt. Fliegende Fische glitten in riesengroßen Schwärmen über das offene Meer. Bilder, wie ich sie bisher nur aus Filmen kannte, zeichneten sich für uns ab. Zwanzig Delphine begleiteten unser Boot für Stunden. Sie tauchten, flogen und tanzten für uns in voller Pracht, sprangen zu viert synchron aus dem Wasser und schienen nur für uns die Freude des Lebens zu spiegeln.

Dann erschien erneut eine schwarze Wand am Horizont und wir sahen Blitze in das Wasser schießen. Unser Boot steuerte genau darauf zu und wir segelten erneut in einen Sturm, wie ich ihn nie zuvor erlebt hatte. Licht und Schatten, im wahrsten Sinne!

Das waren Erfahrungen an der Grenze.

Erstmalig verstand ich wirklich, was es bedeutet, anzunehmen und loszulassen. Ich weiß noch, wie ich um 6.00 Uhr morgens auf dem Boot stand, vom Regen wachgepeitscht in das dunkle Grau des Himmels starrte, mich festklammerte und die Minuten zählte. Als ich mir sicher war, dass es nach gefühlten Ewigkeiten bestimmt schon Mittag sein müsse, verriet mir der Blick auf die Uhr, dass es gerade einmal 7.15 Uhr war. Die Zeit schien stehenzubleiben und ich durfte mit jeder neuen Stunde trainieren, unveränderbare Situationen anzunehmen und stets aufs Neue zu versuchen, in meiner Mitte zu bleiben. Als ich sehr missmutig, vollkommen durchnässt und genervt auf die schwarzen Wolken starrte, während mir der Regen mit starkem Wind in mein Gesicht peitschte, sagte mein betrunkener englischer Reisebegleiter Aron in seinem landestypischen Humor: „Well Patrick, that`s just a normal sunny day in England …" Sehr lustig!

Johanna und ich lagen nachts in einer kleinen Koje am Bug des Bootes. Von „Liegen" konnte allerdings kaum die Rede sein. Verkrampft und zitternd festhaltend trifft es eher. Dass der Bug eines Schiffes im Falle eines zwei Tage andauernden Sturmes der schlechteste Schlafplatz war, lernte ich erst, als ich sah, wie das Boot metertief mit dem Bug in die Wellen stach. Die Nächte gestalteten sich also in Embryostellung liegend und, unter den Tropfen des undichten Fensters ausharrend, als eher nervenaufreibend.

Nach einer gefühlten Ewigkeit, einigen schlaflosen Nächten und großem Hunger klarte der Himmel irgendwann endlich auf und wir erkannten schemenhaft einige Inseln am Horizont. Was dann auf mich zukam, ist für mich heute noch einer der bewegendsten Momente meines Lebens: ein unvergessliches Erleben der Schönheit der Natur. Das Wasser färbte sich auf einmal von einem tiefen Blau zu einem schimmernden Grün, gepaart mit lichtvoll flackernden, bläulichen Farbtönen. Mit jedem Meter, den das Boot nun zurücklegte, klarte der Himmel weiter auf und das Meer schillerte nach wenigen Minuten in hunderten Türkistönen.

Wir erkannten immer mehr Inseln vor uns und trauten unseren Augen nicht: schneeweiße Strände am Rand von kleinen Inseln, welche von saftig grünen und anmutig schimmernden Palmen bedeckt waren. Einige Inseln waren bis an den äußersten Rand vollgepackt mit strahlenden, fast schon unecht wirkenden, wunderschönen Palmen. Andere der Inseln waren nicht größer als ein Wohnzimmer, geschmückt mit fünf Palmen und durch kleine Sandbänke mit weiteren Paradiesinseln verbunden. Zwischen all diesen Lagunen, Atollen und Inselgruppen lagen vereinzelt weiße Yachten und Katamarane vor Anker.

Das Wasser war kristallklar und am Meeresgrund schimmerten leuchtende Seesterne, dazwischen schwammen bunte Fische und Rochen. Ich war den Tränen nahe und vollkommen sprachlos.

Wir ankerten inmitten dieses Paradieses, sprangen voller Euphorie in das Wasser, schwammen an Land und erkundeten einige

Inseln. Wir feierten nicht nur die Entdeckung eines der größten Paradiese unserer Erfahrung, sondern auch buchstäblich unser Überleben und waren vollkommen verzaubert. Nachts führten wir Gespräche mit Eingeborenen, welche teilweise nach wie vor ihre eigenen Inseln bewohnen. So kam ein junger Mann lächelnd auf mich zu und sagte freudestrahlend: „Hello, my name is Chi Chi, welcome to my island." Er lebte dort tatsächlich mit seinen Eltern, seiner Großmutter und einem Inselhund seit vielen Generationen.

Diese Erfahrung zeigte mir so deutlich, dass wir manchmal durch große Stürme müssen, um das Paradies zu erreichen. Nicht zwangsläufig und nicht immer, doch manchmal. Seitdem hilft es mir in schweren Momenten immer wieder, an jene Erfahrung zu denken und darauf zu vertrauen, dass der Sturm enden wird und das Paradies am Horizont erscheint.

Egal, wie wild die Wellen deines Lebens auch sein mögen, wie hoch sich die Wolken auch auftürmen und wie kraftlos du dich fühlen magst, vertraue darauf, dass sich auch der größte Sturm legen wird und ein ungeahntes Paradies voller atemberaubender Schönheit auf dich wartet!

Nach der Dunkelheit kommt das Licht.

Das Leben meint es gut mit dir und wird dich leiten.

Du wirst behütet sein und kommst an, auch wenn die See manchmal rau und unberechenbar scheint!

Im Meer aller Möglichkeiten befinden sich nicht nur ungeahnte Schätze, sondern auch fantastische Atolle der Freude für dich!

Vertraue auf deine Stärke und glaube an das Gute.

Wie steht es bei meinem kleinen Vorbild Pipi Langstrumpf so schön geschrieben:

Tommy und Annika: „Der Sturm wird immer stärker."

Pippi: „Das macht nichts. Ich auch!"

*Schein & Sein*

## KAMBODSCHA

Zugegeben, wir brauchten einige Tage in Panama, um diese Erfahrung zu verarbeiten. Nach einer angemessenen Ruhepause machten wir uns weiter auf den Weg durch das Abenteuer unserer großen Reise. Wir genossen die wundervollen Strände Panamas, wurden von der bebenden Lebensfreude in Costa Rica verzaubert und verliebten uns in die Schönheit Nicaraguas.

Einige Monate später befanden wir uns schließlich in meinem geliebten Asien.

Die sinnesbetörende Atmosphäre der unvergesslich schönen Länder dieses Kontinents zogen mich schon seit meinem ersten Besuch auf Bali in ihren Bann.

Unser nächstes Ziel sollte Kambodscha sein, und ich freute mich wie ein kleines Kind auf eine ganz bestimmte Erfahrung: Angkor Wat! Angkor Wat gehört zu den größten Tempelanlagen der Welt und ist ein unfassbar beeindruckender Ort.

Ich kannte die meterhohen Kunstwerke – lächelnde Buddhas, vierarmige Vishnus, tanzende Shivas, Hindu-Götter und Fabelwesen – bisher nur aus Büchern und war sehr gespannt auf die sagenumwobenen Tempel.

Natürlich hatte ich auch eine ganz besondere Vision: Zu meinem Song *Sternenstaub* des gleichnamigen Albums wollte ich genau hier ein Musikvideo drehen. Was konnte es Passenderes geben als an einem mystischen Ort, mitten im kambodschanischen Dschungel, um die Bilder zu diesem Song einzufangen?

Okay, ich gebe es offen und ehrlich zu: Ich war ein klein wenig naiv!

Aus irgendeinem Grund erwartete ich, einen menschenleeren, sakralen Ort der Stille zu betreten. Dem war nicht so. Schon viele Kilometer vor den ersten Eingangstoren der Tempelstätte erahnten wir aufgrund der vielen hundert Reisebusse, Roller und Tuck Tucks, dass wir vielleicht nicht ganz alleine sein würden.

Die Menschenmassen vor Ort überboten dann für mich alles Befürchtete. Wir waren umgeben von mehreren tausend Menschen, alle bis an die Zähne bewaffnet mit Selfie-Sticks, Smartphones und Kameras, die entschlossenen Mutes auf die ersten Tempel zustürmten. Nebenbei bemerkt hatte es weit über 30 Grad im Schatten.

Unser Musikvideo sollte in meiner Vorstellung natürlich aussehen, als ob wir vollkommen alleine in den Tempeln stünden. Da
wir uns nach meiner Auffassung an einem heiligen Ort befanden,
ging ich außerdem davon aus, dass eine gewisse Stille, um nicht
zu sagen, ein ehrfürchtiges Schweigen herrschen würde. Auch
hierbei täuschte ich mich leider.

Während wir in der sengenden Hitze zwischen tausenden foto-
grafierenden Japanern, rufenden Amerikanern und diskutieren-
den Europäern dezent frustriert nach der Heiligkeit des Ortes
suchten, wurde mir klar, dass meine Erwartungen vielleicht etwas zu hoch angesetzt waren.

Der Dreh unseres Musikvideos wurde zu einer höchst amüsan-
ten und interessanten Aufgabe, welche sich über mehrere Tage
erstreckte. Unser Plan war nun, zwischen den unendlich wirkenden Menschenmassen immer wieder kurze Momente des Glücks
und Lücken der Stille zu nutzen, um kurze Szenen an den gigantischen Kulissen zu filmen. Es sollte so wirken, als seien wir
alleine dort. Wir waren sehr geduldig, bemüht und versuchten es
immer wieder. Das interessierte übrigens niemanden um uns herum. Teilweise stellten sich lächelnde Japanerinnen neben mich,
während ich für das Musikvideo in künstlerischem Ausdruck
rappte und machten ein paar Selfies mit mir – oder mit Johanna,
während diese gerade versuchte zu filmen. Es war eine so skurrile Situation, dass wir sehr oft lauthals loslachen mussten.

Wenn du dir das Musikvideo nun im Internet ansiehst, wirst du bemerken, dass es uns tatsächlich gelungen ist, das scheinbar Unmögliche möglich zu machen. Wir filmten dafür allerdings insgesamt über drei Tage hinweg Szenen zwischen all diesen riesengroßen Menschenmassen und filterten stets die Sequenzen heraus, in denen wir alleine zu sehen waren. Wahrlich kein leichtes Unterfangen.

Meine Erkenntnis aus dieser einmaligen Erfahrung war zum einen, dass du stets flexibel sein darfst, und zum anderen, dass nicht immer alles ist, wie es scheint. In diesem Fall waren meine Erwartungen vielleicht auch ein klein wenig zu hoch, und dennoch lehrte mich dieser Videodreh vor allem, was es heißt, Situationen anzunehmen und das Beste daraus zu machen.

Ich denke, dass dies eine sehr hilfreiche Einstellung für mein Leben geworden ist. Stets das Beste aus den Umständen zu machen, erweitert nicht nur deine Flexibilität, deine Fähigkeiten und deine Kreativität, es trägt dich vor allem immer wieder über deine eigenen Grenzen.

Genau das liebe ich so sehr. Die Grenzen zu verschieben.

Die wenigsten erfolgreichen Menschen sind mit einem goldenen Löffel im Mund geboren worden, aber sie haben erkannt, dass sie ihren Weg – und somit ihren Erfolg – selbst mitbestimmen und kreieren können.

Also lass uns selbst immer wieder Wunder kreieren und Spuren hinterlassen, anstatt aufzugeben oder ausgetretenen Pfaden zu folgen.

# KAPITEL 8

*Fokus*

*Im Bestreben, Glück und Frieden außerhalb zu finden,*
*sucht man überall, aber schaut fast nie nach Innen.*
*Blick in dich, folg der Liebe und bewahr das Licht.*
*Sie ist ein Antiseptikum gegen mentales Gift.*

SEOM

Wie du bereits weißt, habe auch ich sehr lange auf meinen Erfolg hingearbeitet und durfte viele Phasen des Entsagens und Scheiterns auf mich nehmen.

Kurz gesagt: Ich weiß genau, wie es sich anfühlt, zu hoffen und sich Tag für Tag, Jahr für Jahr und Album für Album voller Glauben vorwärts zu bewegen.

Wenn du im Moment schwierige Zeiten durchlebst, kein Geld hast oder es dir auf anderen Ebenen nicht gutgeht, dann versuche, dich so gut du kannst auf das Schöne in deinem Leben zu konzentrieren. Ich spreche nicht von Verdrängung, sondern von der bewussten Entscheidung, das Gute in deinem Leben durch deinen Fokus zu vermehren.

Als ich verstanden hatte, dass mein Fokus und meine Dankbarkeit alles beeinflussten, wandelte sich mein Leben. Dein Fokus kann und wird alles verändern. Mir ist bewusst, dass du das weißt, ich möchte dich nur noch einmal daran erinnern. Wir sind oft so sehr daran gewöhnt zu jammern, dass es uns nicht mal mehr groß auffällt.

Also: Beschwere dich nicht –, sondern erschaffe neu!

Gerade wenn es uns nicht gutgeht, ist das nicht leicht, ich weiß!

Dennoch ist es entscheidend für dich und dein Leben. Wenn du etwas ändern willst, dann richte deine Aufmerksamkeit auf alles, was gut in deinem Leben ist. Führe ein Tagebuch und notiere jeden Tag alles, wofür du dankbar bist. Notiere dir alle kleinen Wunder. Schreibe auf, wem du heute geholfen hast oder wem du in Zukunft helfen kannst. Beschenke dich, und erkenne deine Stärken täglich an!

Mache dich zur Heldin und zum Held deiner Geschichte.

Schreibe dein Drehbuch neu und erlaube dir, dich neu zu erfinden.

Du hast das Recht dazu. Nimm dir ein paar Stunden Zeit und schreibe dir genau auf, wie dein Traumleben aussieht. In allen Bereichen, in jedem Detail und in den schönsten Farben. Schreibe auch deine Charaktereigenschaften, die du weiter entfalten möchtest, ganz genau auf und stelle dir den Helden deiner Geschichte genau vor – ich spreche von dir!

# *Instrumente*

Auf meinen Reisen um die Welt sammelte ich sehr viele Erkenntnisse für mein Leben. Eine sehr essenzielle Erkenntnis bestand für mich in der Erfahrung dessen, was der berühmte und wundervolle Eckhardt Tolle seit Jahren erklärt und durch seine Bücher und Vorträge lehrt: die heilige Kraft der Gegenwart!

Ich lernte dies besonders deutlich in

## NICARAGUA

als mir ein Hostelbesitzer freudestrahlend erklärte, dass er sein gesamtes Leben nach Eckhardt Tolles Lehren führen würde. Exakt zu diesem Zeitpunkt las ich gerade sein Buch und erkannte das Zeichen. Also fokussierte ich mich noch intensiver darauf, den gegenwärtigen Augenblick wahrzunehmen.

Immer wenn es mir gelingt, mich voll und ganz dem Moment hinzugeben und mich in das Jetzt sinken zu lassen, erfahre ich das Leben auf tiefster Ebene.

Die Beschreibung dieser Erfahrungen überlasse ich liebend gerne dem großartigen Eckhardt Tolle selbst.

Worum es mir in diesem speziellen Kapitel geht, ist ein ganz besonderer Zusammenhang: Gerade in den sogenannten Entwicklungsländern dieser Welt fiel mir auf, dass die Menschen präsenter, wacher und gegenwärtiger zu sein scheinen. Egal ob in Laos, in Nicaragua, den ländlichen Teilen Kambodschas oder in abgelegenen Gegenden Kolumbiens, immer wieder erkannte ich ein ähnliches Bild – die Menschen auf der Straße blickten mich wach, lächelnd und sehr präsent an. Nachdem ich dieses Phänomen lange Zeit beobachtet hatte, fiel mir eine Gemeinsamkeit auf: Die Menschen in diesen Gegenden besitzen oft keine Smartphones!

Mir ist bewusst, dass dies eine gewagte These ist und viele Leserinnen und Leser sich nun vielleicht empört fühlen könnten. Ich höre in Gesprächen zu diesem Thema sehr oft rechtfertigende Sätze wie: „… aber man kann ein Smartphone ja sehr sinnvoll und wohl überlegt nutzen." Ja, das kann man. Aber tust du es auch?

Wir alle können Smartphones intelligent nutzen, jedoch können sie das mit uns auch tun, wenn auch nicht auf bewusste Art. Es geht mir also nicht darum, die Technik zu verteufeln, wir sollten nur aufpassen, dass wir uns von diesen wertvollen Instrumenten nicht instrumentalisieren lassen. Meine beschriebene Beobachtung zeigte mir eines ganz deutlich: Wenn die Menschen sich auf der Straße begegnen, ohne ihren gesenkten Blick auf eine virtuelle Scheibe zu richten, nehmen sie den Moment des Lebens, in dem sie sich gerade befinden, ein wenig stärker und klarer wahr.

Beobachte ich Menschen in Europa auf der Straße, in Cafés oder in Straßenbahnen, so fällt mir auf, dass sie zwar alle der neuen Freizeitbeschäftigung Smartphone nachgehen, jedoch scheinen sie dabei nicht sonderlich viel Freude zu empfinden. Zumindest sehe ich diese Freude in den Gesichtern nur sehr selten.

Beobachte einmal, ob die Menschen vorzugsweise lächelnd in ihre elektronischen Helfer blicken oder eher ernst und gestresst wirken. Genau an diesem Punkt stellt sich mir die Frage, wie wichtig der entsprechende Dienst jenes Helfers ist, wenn er dir keine Freude bereitet. Freunde berichten mir sehr häufig, dass sie mit all ihren WhatsApp-Gruppen schon fast in Stress geraten, da sie so viele Nachrichten und Einladungen zu beantworten hätten. Stelle dir also selbst die Frage, wie viel Freude oder wie viel unnötigen Stress du dir mit diesen kleinen Geräten erschaffst. Du hast die Wahl!

Natürlich ist es superpraktisch, mit Menschen aus aller Welt oder mit der Familie im Urlaub durch sein Handy verbunden zu sein. Richtig, keine Frage. Ich spreche jedoch eher von den alltäglichen, oft belanglosen Minuten und Stunden, in denen du dich diesen Geräten widmest.

Entscheide dich für einen weisen Umgang und vergiss bitte niemals, wie unendlich wertvoll die Kraft des gegenwärtigen Augenblickes ist. MEISTER ECKHART sagte einmal sinngemäß sehr treffend:

> *Der bedeutendste Mensch ist der,*
> *der dir gerade gegenüber sitzt.*
> *Das Notwendigste ist immer die Liebe.*

Wie oft sitzen dir Menschen mit gezückten, elektronischen Geräten gegenüber und vergessen, wo sie gerade sind. Lass uns nicht Teil davon sein.

Du musst es nicht erklären, es reicht, es vorzuleben.

Wir sind als sensible und liebesbedürftige Wesen auf diesen Planeten gekommen. Wir sehnen uns nach liebender Wärme und es genügt eben nicht, die für uns nötige herzliche Verbindung in der Gemeinschaft durch eine virtuelle Vernetzung auszutauschen. Kein gesendetes, digitales Herzchen wird eine liebevolle Umarmung jemals ersetzen können. Kein lustig grinsender Smiley in deinem Smartphone wird ein direkt gesprochenes, aufbauendes

Wort mit einem liebevollen Blick in der gleichen Kraft widerspiegeln. Überlege dir also bei deinem nächsten Blick in deine virtuelle Scheibe, ob es nicht vielleicht sinnvoller wäre, die entsprechende Person zu besuchen, sie in den Arm zu nehmen oder ihr einfach ein wenig deiner Zeit (im realen Leben) zu schenken und bei dieser Begegnung dann auch tatsächlich das Handy zu Hause zu lassen.

Manchmal frage ich mich, wie viele potenzielle Paare sich nicht wahrnehmen, weil beide, vollkommen vertieft in ihr Smartphone, aneinander vorbeilaufen. Wahrscheinlich schreiben sie in selbigem Moment gerade eine Nachricht an ihre Freunde, in der sie bedauern, ihren Lebenspartner einfach nicht zu finden.

Wie viele Jugendliche sind tief im Herzen einsam und fühlen sich alleine, scheinen aber mit allen verbunden, weil sie in ihrer digitalen Freundesliste 302 „Freunde" haben?

Beginnen wir, uns wieder bewusst und wach wahrzunehmen.

Befreien wir uns ganz bewusst und nutzen jene Instrumente sinnvoll!

Smartphones, Tablets und soziale Netzwerke sind großartig, wenn wir sie konstruktiv und wohldosiert nutzen.

Lass uns die echte Welt wieder voll und ganz wahrnehmen.

Die virtuelle Scheibe lässt sich nämlich ganz einfach zum Schweigen bringen – mit einem Knopfdruck!

Du hast die Wahl!

Anstatt in die passive Betrachtung zu gehen, ist es möglich, aktiv zu werden. Damit meine ich, dass du ganz bewusst Bilder erschaffst, statt sie nur aufzunehmen. Entscheide, was dich bewegt und erzeuge Bilder, die dich beflügeln!

# *Visualisiere so stark und leuchtend du kannst*

Um es noch einmal zu sagen: Ich selbst finde nichts so wichtig, wie präsent im Jetzt zu sein und den gegenwärtigen Moment zu genießen, wahrzunehmen und im Sein zu verweilen. Dennoch denke ich, dass wir es uns erlauben dürfen, den Blick auf unsere Visionen zu richten. Nicht ständig, doch konstant in ausgewählten Momenten. Dies muss kein Widerspruch sein. Es ist eine wunderbare Ergänzung.

Zu wissen, wo du hinmöchtest, ist der erste Schritt. Diese Vision jeden Tag voller Freude in Gedanken auszumalen und mit Gefühlen der Freude und Euphorie aufzuladen, ist der zweite große Schritt! In meinem ersten Buch erklärte ich ja bereits, wie dies wunderbar funktioniert. Wenn du diesen Schritt vollzogen hast, darfst du die Handlungen, welche definitiv auf dich zukommen werden, voller Vertrauen und Hingabe ausführen.

Elementar ist meiner Meinung nach, dass wir uns für ein Leben in Freude, Fülle und Liebe entscheiden. Das hat mein Leben schlagartig verändert und mich aus dem Gedankenstrudel des Mangels befreit. Also mache dich zum Held und zur Heldin deiner Lebensgeschichte! Male dein Bild aus und genieße den Moment.

# Sei geduldig

An manchen Tagen möchte ich gerne das Universum anschieben. Ich suche dann nach diesem einen Hebel, welcher das Rad der Zeit schneller drehen lässt und mich beschleunigt an mein Ziel führt. Nachdem ich meinen Weg schon so lange gehe, bin ich mit diesem Gefühl sehr vertraut und nehme es lächelnd an. Vielleicht kennst auch du das.

Dieses Gefühl, dass man nun wirklich bereit ist und einfach nicht verstehen kann, warum das Gewünschte noch nicht bei einem ist. Wenn ich ganz ehrlich bin, geht es mir mindestens einmal pro Woche so. Ich übe mich also ständig darin, wahrhaft geduldig zu sein. Geholfen hat mir dabei tatsächlich ein buddhistischer Zen Mönch in Vietnam.

# VIETNAM

Während unserer Reise um die Welt befanden Johanna und ich uns schließlich in Vietnam und genossen den bezaubernden Duft dieser asiatischen Kultur. Mittlerweile fühlten wir uns quasi „im Unterwegs" Zuhause und bestaunten die saftig grünen Reisfelder, die beeindruckenden Buchten und die bunten Städte dieses entzückenden Landes.

Eines Nachmittages, mitten in einer kleinen Stadt Vietnams, sprach mich plötzlich ein Mönch an. Er erklärte uns liebevoll, dass er ein buddhistischer Zen Mönch sei und eine Botschaft für uns beide habe. Nachdem dir in Asien viele Menschen etwas verkaufen möchten, waren wir zunächst etwas skeptisch, doch als er uns schließlich erklärte, dass er kein Geld wolle, waren wir sehr gespannt darauf, was er uns zu sagen hatte.

Zunächst überreichte er uns ein Buch mit sehr vielen losen Seiten und bat uns, zu lesen, was die Menschen über seine Fähigkeiten schrieben. In jenem Buch hatten hunderte Menschen aus den unterschiedlichsten Ländern eine Art Dankesschreiben für ihn hinterlassen und in Geschichten notiert, wie sehr er ihr Leben verändert habe. Da waren Berichte aus Australien, Neuseeland, Österreich, Deutschland, Chile und England. Immer wieder konnte man herauslesen, dass er hellsichtige Fähigkeiten zu haben schien und durch seine Botschaften an die einzelnen Menschen bewegende Erkenntnisse vermittelte.

Natürlich waren wir sehr gespannt und nachdem er Johanna kurz angesehen hatte, lächelte er und gab ihr sehr persönliche Mitteilungen bezüglich ihrer Familie mit auf den Weg. Er benannte spezielle Verbindungen und Konstellationen der einzelnen Beziehungen, die er nicht wissen konnte. Abschließend hatte er noch einen liebevollen und persönlichen Tipp für Johannas Leben und half ihr damit auf sehr direkte Art und Weise. Wir waren tief beeindruckt.

Als er mich ansah, lächelte er erneut, legte seine Hände auf meine Schultern und erklärte, dass er die Kraft meines Herzens, meine Aufgaben und das Feuer in meinen Augen sehe. Er ergänzte, dass er wisse, welche Fähigkeiten ich besäße und wie wichtig es mir sei, sie zu entfalten und auszuleben. Schließlich erklärte er mir, dass sich alles genau so entfalten würde, wie ich es fühlte. Nur eine Sache sei ganz wichtig für meinen Weg. Ich platzte fast vor Spannung, und wieder lächelte er nur ganz sanft und sagte schließlich: „Be patient."

Das war`s? Einfach nur zwei Worte? Be patient?

Ich meine zwar, relativ gut Englisch sprechen zu können, doch blöderweise wusste ich in diesem Moment nicht, was das Wort „patient" bedeutete. Ich traute mich nicht, direkt nachzufragen und nachdem er sich gleich darauf mit einem gütigen Blick verabschiedet hatte, fragte ich Johanna zögerlich, warum der Zen-Mönch gerade gesagt hatte, dass ich ein „Patient" sein solle. Wir lachten uns herrlich kaputt, suchten uns sofort ein Internetcafe und googelten das besagte Wort und dessen Übersetzung.

Und da stand es: Sei geduldig!

Diese Erfahrung hilft mir sehr oft, wenn ich Gefahr laufe, alles schneller erfahren, erreichen und umsetzen zu wollen. Der Kosmos fließt und ich vertraue immer und immer leichter darauf, dass sich alles in der optimalen Geschwindigkeit ergibt.

Wir sind so daran gewöhnt zu denken, dass wir etwas tun müssten, um etwas zu sein. Dies ist ein großer Trugschluss. Du bist bereits perfekt und formvollendet. Wenn du aus deinem Sein und der Freude heraus handelst, wirst du alles anziehen, was du benötigst. Genau zur rechten Zeit und im idealen Tempo!

# KAPITEL 9

# Erwache im Träumen

*Erwache und folge deiner tonlosen Stimme,*
*wache Träumer sind die Architekten großer Dinge!*
*Finde deine Traumfabrik in jedem kleinen Augenblick*
*und dein Leben wird zu einem Zaubertrick.*

SEOM

Ich glaube, dass wir schöpferische Wesen sind und dieses Spiel auch in Freude und Leichtigkeit spielen dürfen. Nicht, um etwas zu werden, sondern um zu spielen. Einfach weil es Freude macht. Im gesunden Wechselspiel verschafft mir diese Art und Weise des Spieles sehr viel Spaß!

Nach der aktiven Betrachtung gehe ich voller Hingabe in die Stille. Ich meine damit nicht die Stille, in der du einschläfst. Ich meine die Stille, in der du aufwachst. Ich lade dich ein, zu träumen! Träume so viel und so zauberhaft du kannst!

Träume sind die allumfassenden, kosmischen Pfade deiner Möglichkeiten.

Kennst du den Satz „Lebe deinen Traum und verträume nicht dein Leben"?

Ich würde ihn umformulieren: „Erträume dir dein Leben und du lebst deinen Traum!"

Wenn du beginnst, deine Träume zu verwirklichen, wirst du von göttlichem Erfolg gekrönt sein. Wenn du anfängst, deine Träume sanft und beharrlich in die Tat umzusetzen, wirst du erstaunt sein, zu was du in der Lage bist und welche verborgenen Fähigkeiten in dir schlummern.

Das ist es, was der gesamte Kosmos sich von dir wünscht! Er kommuniziert durch Träume und Sehnsüchte mit dir. Und mit Träumen meine ich nicht etwa, dass du schlafen solltest. Ganz im Gegenteil: Erwache und dann: träume!

Als ich dreizehn Jahre alt war, schenkte mir mein Vater ein gesticktes Bild mit den Worten „Per aspera ad astra", was soviel bedeutet wie „Über raue Pfade zu den Sternen". Lange Zeit dachte ich, mein Weg müsse mich über viele steinige Wege führen, um mich letztendlich zu den Sternen tragen zu können. Heute weiß ich, dass ich selbst entscheide, mich zu erheben, um mit den Sternen zu tanzen.

Folge auch du dem, was der Kosmos dir durch das Leben zeigt.

Du kennst das Phänomen, dass schlaflose Nächte manchmal die größten Träume fürs Leben hervorbringen können!

Und umgekehrt: Mein Traum hält mich oft hellwach! In der Nacht und am Tag!

GEORG LICHTENBERG schrieb einmal:

*Sowie nicht jeder träumt, der schläft,*
*so schläft nicht jeder, der träumt.*

Wenn du deinem Traum voller Hingabe folgst, bist du wacher als wach. Sobald du merkst, dass du, egal, bei welcher Tätigkeit, müde wirst, ist das ein sicheres Zeichen dafür, dass du in diesem Moment nicht deinem wahren Traum folgst. Überlege dir bei Müdigkeit also stets genau, was du gerade tust und mit welchen Gedanken du dich befasst. Dann ändere sie …! Lass deine Träume deine Handlungen lenken – und somit dein Schicksal!

Man sagt, im Traum erzählt die Seele von der Wirklichkeit!

Mache jene Wirklichkeit wahr und folge dem traumhaften Ruf der Sterne.

Die wahren Träume enden nicht, sondern sie beginnen nach dem Aufwachen!

# Potenziale

Der Glaube und deine Vorstellungen erschaffen deine Realität und erwecken alle nötigen Potenziale. Wenn du etwas wirklich glaubst, verkörperst du es!

Stelle dir einmal vor, ein Mensch verliert schlagartig all seine Erinnerungen, ist aber geistig und körperlich nach wie vor gesund. Wenn du diesem Menschen erklären würdest, dass er ein weltberühmter Tänzer sei und nun wieder tanzen lernen müsse, weil die Welt nur auf seinen Auftritt warte, würde alleine diese Vorstellung ungeahnte Potenziale in ihm wecken und freisetzen.

Würdest du dem gleichen Menschen stattdessen sagen, er sei ein weltberühmter Maler gewesen, so würde er in genau diesem Glauben zu malen beginnen. Er würde das Malen in einer bestimmten Überzeugung erlernen, einer Überzeugung, die ihn beflügelt und erhebt. Genau diese Überzeugung entsteht einzig und allein durch deine Vorstellung und jene Vorstellung erweckt die Potenziale.

Erschaffe durch deine Vorstellung Potenziale, und lebe sie voller Größe aus!

Nicht als Aufgabe, sondern aus Freude. Spiele dieses Spiel und feiere dich für deine großartigen und deine kleinen, schwachen Momente.

Erträume dir dein Leben, und du lebst deinen Traum!

Dafür bedarf es jedoch Vertrauen.

*Vertrauen*

Das Leben selbst schenkt uns die größten Lektionen und wertvolle Übungseinheiten, um uns immer weiter entwickeln und wachsen zu lassen. Dies anzunehmen und verstehen zu lernen, ist ein großes Vergnügen und ja, auch stets eine Herausforderung!

## PANAMA

Nachdem Johanna und ich einige Woche durch Panama gereist waren, machten wir uns auf den Weg nach Nicaragua und gerieten in eine etwas unangenehme Situation. Jene Situation schulte unser Vertrauen auf sehr direkte Art und Weise.

Wir fuhren mit einem öffentlichen Bus und wussten nur entfernt, wo wir ankommen wollten. Da die Wege in Lateinamerika mitunter sehr lange sein können, entschlossen wir uns, für eine Nacht in einer etwas dubiosen und zwielichtig wirkenden Stadt zu übernachten. Ich suchte uns vor der Fahrt mit dem Bus im Internetcafe ausnahmsweise ein Hostel heraus, um nicht ganz verloren zu sein, und versuchte während der Fahrt abzuschätzen, in welcher Gegend wir uns gerade befanden. Leider lag ich vollkommen falsch, was wir jedoch nicht bemerkten.

Wir stiegen also in einem sehr heruntergekommenen Viertel aus dem Bus aus und dachten, unser Hostel müsste sich irgendwo dort befinden. Nach einigen Metern bemerkten wir jedoch schnell, dass man uns etwas skeptisch betrachtete. Wir waren die einzigen Touristen weit und breit, alle Fenster und Türen der Häuser um uns herum waren vergittert und trotz meines freundlichen Lächelns bekamen wir sehr wenig liebevolle Blicke auf der Straße geschenkt. Nun gut, wir blieben im Vertrauen …

Als uns ein paar junge, sehr muskulöse und finster dreinblickende Erwachsene mit freien Oberkörpern und am Boden schleifenden Macheten entgegenkamen, tauchten kurzzeitig skurrile Filmszenen vor dem inneren Auge auf, welche wir schnellstmöglich aus dem Geist zu schieben versuchten. Wir fühlten uns zunehmend unwohler und merkten nach einigen Seitenstraßen und weiteren gescheiterten Gesprächsversuchen mit den Einheimischen, dass wir uns wohl tatsächlich verlaufen hatten.

Plötzlich hielt ein Polizeiwagen direkt vor uns an.

Die Polizisten stiegen sofort aus und redeten auf Spanisch wild auf uns ein. Da wir beide kein Spanisch sprechen, versuchten wir auf Englisch zu erklären, dass wir unser Hostel suchten. Die Beamten schienen nicht begeistert zu sein und wollten sofort unsere

Pässe sehen. Sie fragten nach dem Namen unseres Hostels und forderten uns auf, genau an der Straßenecke, an der wir uns befanden, stehenzubleiben und hier auf sie zu warten. Dann stiegen sie in ihr Auto und fuhren wieder weg.

Eine wirkliche seltsame Situation. Nachdem beide Polizisten sehr ernst wirkten und nicht im Ansatz lächelten, waren wir natürlich ein wenig verunsichert. Wir versuchten uns zu entspannten und im Vertrauen zu bleiben.

Nach einigen Minuten stellte Johanna den Vorschlag in den Raum, einfach sofort abzuhauen und wegzulaufen. Eine sehr verlockende Idee. Wir überlegten kurz, was wir tun sollten und wägten unsere Möglichkeiten ab. In einem Barrio einer fremden Stadt in einer düsteren Gegend in Panama vor einheimischen, schwer bewaffneten Polizisten zu flüchten und zu hoffen, dass sie uns nicht mehr sehen, schien irgendwie riskant. Zumal wir mit 20 kg schweren Rucksäcken auf dem Rücken weder schnell noch unauffällig wären und die Straßen in keiner Weise kannten, also schoben wir den Gedanken schnell beiseite.

Also warteten wir. Nach etwa 15 Minuten kam das Polizeiauto zurück und die beiden strengen Herren forderten uns auf, sofort einzusteigen. Sie verzogen dabei nach wie vor keine Miene und fuhren los. Es trat ein seltsames Schweigen ein und der Wagen fuhr auf einen Highway.

Nach etwa zehn Minuten Fahrzeit wurde Johanna sichtlich nervös und ihre Blicke in meine Richtung wirkten ein klein wenig sorgenvoll.

Als wir auf der dreispurigen Straße plötzlich Ortsangaben von entfernten Städten sahen und das Gefühl hatten, die Stadt nun endgültig verlassen zu haben, wurde die Vertrauensübung tatsächlich zu einer größeren Aufgabe. Wieder einmal dachte der Verstand an Geschichten von Entführungen, von ungeklärten Verbrechen und an allerlei Dramen. Schließlich befanden wir uns in einem Polizeiauto außerhalb der Stadt, ohne auch nur eine Information zu bekommen, was gerade geschah, und nebenbei bemerkt wusste kein Mensch in Deutschland, wo wir uns gerade befanden.

Tief atmen und vertrauen.

Ich fokussierte mich darauf, dass es das Leben gut mit uns meint und dass wir behütet sind. Dieses Gefühl verstärkte ich aus meinem Herzen heraus durch meinen gesamten Körper mit jedem Atemzug. Ich verstärkte das Gefühl der vertrauten Geborgenheit weiter und zog es förmlich über das Auto, hüllte bewusst alles um mich herum in jenes Vertrauen ein und konzentrierte mich darauf, im Herzen zu bleiben. Meine Atmung wurde ruhiger und mein Verstand wurde still. Wieder einmal erlebte ich so deutlich, wie kraftvoll unser Herz ist und dass alles andere folgen kann, wenn ich die Kraft meines Herzens wahrnehme und aktiviere. Das Vertrauen wurde immer stärker und ich wusste wortwörtlich aus tiefstem Herzen, dass wir geführt waren.

Nach weiteren zehn Minuten bogen wir ab und nahmen eine große Ausfahrt. Die Gegend wirkte wieder etwas bewohnter. Wir erkannten erste Wohnhäuser und stellten bald fest, wieder in einer Stadt zu sein. Der Wagen fuhr durch eine friedliche Vorstadtsiedlung und hielt plötzlich an. Als ich aus dem Fenster schaute, konnte ich meinen Augen kaum trauen: Ich las den Namen des von uns gesuchten Hostels.

Es befand sich die ganze Zeit etwa 30 km entfernt von uns, wir waren auf der falschen Seite der Stadt aus unserem Bus gestiegen. Nachdem der Highway einmal um die Stadt führt und dadurch der Eindruck erweckt wird, aus der Stadt hinauszuführen, dachten wir während der Fahrt die ganze Zeit über, die Stadt verlassen zu haben. Letztendlich hatten wir die Stadt umrundet und die Polizisten nahmen einen Weg, der schnellstmöglich zu unserem gesuchten Hostel führte.

Später erklärte mir ein Einheimischer, dass es in Kolumbien und Panama eine sogenannte Tourist-Police gäbe, welche dafür sorgen soll, dass den Touristen in jenen Ländern nichts passiert. Da der Ruf einiger Länder in jenen Gegenden für Reisende aus Europa nicht der beste ist, möchte die Regierung für die größtmögliche Sicherheit der Touristen sorgen. Exakt aus diesem Grund hielten die Polizisten vor uns an. Sie erkannten sofort, dass wir uns in einem gefährlichen Viertel verlaufen hatten, fragten uns, wo wir hinwollten, fuhren noch einmal los, um herauszufinden, wo unser Hostel lag, und chauffierten uns dann direkt zu unserem gewünschten Ort. Ganz davon abgesehen, dass ein derartiger Service in Deutschland unvorstellbar ist, rechneten wir einfach nicht mit einer solch liebevollen Aktion.

Die große Erkenntnis bestand jedoch darin, dass es sinnvoll ist, stets im Vertrauen zu bleiben.

Natürlich hätten wir uns vollkommen verrückt machen können, nur hätte das eben auch nichts geändert. Das stärkende und wärmende Gefühl meines Herzens hatte mich so sehr mit Kraft überflutet, dass ich jene Situation noch sehr lange betrachtete. Wir können nämlich tatsächlich entscheiden, wie wir auf Situationen reagieren und uns bewusst auf die Reise von unserem Kopf in unser Herz begeben. Dort finden wir Vertrauen, und jenes Vertrauen bildet die Basis für ein großes Fundament in unserem Leben.

Es ist die Basis von Einheit. Das Gefühl von Geborgenheit, und daraus resultierend erhebt sich für mich immer wieder das Grundvertrauen in das Leben selbst. Seither versuche ich, gerade in Stresssituationen stets noch intensiver mit dem Herzen zu agieren. Ich spiele dieses Spiel ganz bewusst mit meinem Herzen und dadurch lässt sich ein großer Teil des Spieles neu erfinden. Wir dürfen das Spiel nämlich ganz bewusst verändern …

# *Erfinde dein Spiel täglich neu*

Noch vor gut einem Jahr arbeitete ich nebenberuflich als Logopäde und durfte sehr vieles von großen und kleinen Menschen
über das Leben lernen. Als ich mit meinen kleinen Lehrmeistern
des Lebens, Kindern zwischen drei und sechs Jahren, spielte und
lachte, lernte ich unendlich viel in ganz besonders kurzer Zeit.
In meinem letzten Buch „Feel Go(o)d" finden sich hierzu viele
berührende Einzelheiten.

Eine weitere, für mich bahnbrechende Erkenntnis lieferte mir Julia. Sie war damals vier Jahre alt! Wie spielten gemeinsam mit
einem Einkaufsladen und erschufen hierbei eine kleine Phanta-
siewelt, welche Julia mit ihren Ideen ganz frei gestalten durfte.
Immer wenn sie an einen Punkt kam, an dem sie merkte, dass die
von ihr erschaffene Welt ein Problem erzeugte, das sie vorher
nicht bedacht hatte, sagte sie: „Spielstopp – wir müssen das anders machen, sonst macht es uns keinen Spaß mehr."

Sie nutzte diese Regel nicht nur zu ihrem eigenen Vorteil, sondern um das Spiel für beide stets harmonischer, lustiger und frei-
er zu gestalten. Immer wenn unser Spiel langweilig oder eintönig
schien, sagte sie erneut „Spielstopp" und fügte eine kreative Idee

hinzu. Etwa eine Stunde später gingen wir aus dem Therapieraum in die Kindergartengruppe von Julia. Dort sprach ich mit ihren Erzieherinnen und schaute den Kindern später beim Spielen zu. Ich sah Julia mit drei Kindern spielen, die sich um zwei Puppen stritten. Julia sagte vollkommen klar und überzeugt: „Spielstopp – jede Puppe hat Mama und Papa, also gehört jede Puppe zu zwei Kindern." So easy. Mit vier Jahren hatte dieses himmlische Wesen Konflikte gelöst, welche Erwachsene oder ganze Nationen oft in Jahren nicht zu lösen vermögen.

Es geht hierbei viel weniger um die Lösung als solche, sondern um die Methode!

„Spielstopp"! Wie segensreich ist genau diese Aussage für unser aller Leben. An sich wissen die meisten von uns doch ohnehin, dass wir hier ein Spiel spielen. Wir sind zeitlose Seelen, erwählten uns einen Körper, besitzen Gedanken und Gefühle, spielen das Spiel der materiellen Welt in diesen fragilen Hüllen und sind uns dessen sogar hin und wieder auch bewusst. Wieso also nicht einfach bei auftretenden Problemen einen „Spielstopp" ausrufen und die Regeln der selbst erfundenen Spielwelt überdenken und ändern?

# *Glück*

Ein sehr guter Freund von mir, sein Name ist Phil, hat einen zauberhaften Sohn, der eine weitere, wunderschöne Erkenntnis mit uns teilte. Phils Sohn sprach mit ihm im Alter von etwa acht Jahren über Geld und hatte einige Fragen. Konkret ging es ihm darum, was Reichtum bedeutet. So fragte er unter anderem, was das meiste Geld sei, das ein Mensch besitzen könne.

Phil überlegte länger und antwortete etwas verwirrt: „Nun ja, man könnte vielleicht sagen: unendlich …" Der Kleine überlegte kurz und wollte im Anschluss direkt wissen, was das wenigste Geld sei, das ein Mensch besitzen könne.

Nach erneuter Überlegung antwortete mein Freund: „Ich glaube, das ist 1 Cent." Der Kleine dachte wieder eine Zeit lang nach und sagte: „Aber eigentlich ist doch 1 Cent das Wertvollste!"

Verwundert fragte Phil, wie er darauf komme und sein Sohn antwortete in bestechender Logik eines weisen Kindes: „Na ja, 1-Cent-Münze bringt doch Glück."

Richtig, Glück ist das Wertvollste – du zauberhaftes Geschenk des Himmels.

# Imagination

Nach einem Konzert im vergangenen Jahr kam eine junge Frau auf mich zu und erzählte mir folgende, herzerwärmende Geschichte ihrer Tochter: Sie wollte ihrer Kleinen die Kraft der Imagination, also der Vorstellungskraft, näherbringen. Eines Tages bereitete die junge Frau Erbsen für ihre Tochter zu und die Kleine wirkte von Beginn an recht skeptisch. Schließlich probierte sie zögernd und unter größter Vorsicht eine der Erbsen und befand sie für nicht gut. Daraufhin ermunterte sie ihre Mutter und sagte in weiser Absicht folgenden Satz: „Stell dir einfach vor, es sei Schokolade, mein Schatz."

Die Kleine überlegte kurz und antwortete klar und bestimmt: „Stell dir einfach vor, ich hab schon aufgegessen."

Ich kenne die Kleine nicht persönlich, doch ich liebe sie für diesen Satz.

Diese wundervolle Anekdote des Lebens führt mich neben dem heuristischen Aspekt zu einer sehr wichtigen Erkenntnis:

Dein Glaube bestimmt dein Verhalten und das wiederum bestimmt deine Umwelt auf sehr direkte Art und Weise.

# KAPITEL 10

# Folge der Freude

*Genieß jeden Schritt und jeden Atemzug.*
*Denn das Beste für dich ist grad genug!*

SEOM

Meiner Meinung nach ziehen wir den größten Schatz dadurch an, dass wir es uns gutgehen lassen. Genieße gutes Essen, besuche schöne Orte und fühle dich beschenkt. Das geht auch mit wenig Geld, es ist eine Frage der Einstellung.

Versuche, dir jeden Morgen zu überlegen, was du dir heute selbst Gutes tun kannst.

Was wünschst du dir selbst? Sprich jeden Morgen und im Laufe des Tages mit deinem inneren Kind und folge den Impulsen. Erst als ich mich selbst und andere aus vollem Herzen beschenkte, erhielt ich die größten Geschenke des Lebens. Auf sichtbarer und auch auf unsichtbarer Ebene.

Das zeigt mir wieder einmal, wie großartig und wundervoll es das Leben mit uns meint. Vertraue ihm und gib dich hin, genieße so viel du kannst und betrachte alles um dich herum voller Dankbarkeit!

Um dich zu unterstützen, möchte ich dir eine kleine

### Affirmation

schenken, welche dich vielleicht darin bestärkt, die Geschenke des Lebens noch klarer zu sehen.

*Ich nehme die Geschenke des Lebens voller Freude*
*und Dankbarkeit an.*

*Alles, was mich nicht stärkt, lasse ich liebevoll und sanft los.*

*Ich erhebe mich voller Vertrauen und Mut*
*mit den Winden der Zuversicht*

*zum gleitenden Tanz des Lebens.*

*Der Kosmos liebt mich!*

*Ich lebe ein zauberhaftes Leben!*

# Folge der Freude

Viele Menschen fragen mich, wie ich es schaffe, immer so freudig und dezent verrückt glücklich zu sein. Tatsächlich habe ich ein wenig darüber nachgedacht und möchte dir abschließend ein paar ganz praktische **Tipps** für deinen Alltag schenken.

Natürlich gibt es viele Wege, mehr Freude zu erschaffen. Dies sind meine persönlichen **Rituale**, welche ich täglich vollziehe:

## Das Buch deiner Freude

Kaufe dir ein richtig schönes Tagebuch.

Dieses Buch ist deine ganz persönliche Schatzkammer und wird in den nächsten Wochen mit wertvollsten Kostbarkeiten deiner Freude gefüllt.

Schreibe nun, einfach zum Spaß, alle Dinge auf, die dir Freude machen! Egal, ob es dein Lieblingsessen, Musik, Sport, Filme, Freunde oder sonst etwas ist. Du wirst schnell merken, dass es unglaublich viele Dinge sind. Sich bewusst zu machen, was einem Freude bereitet, klingt einfach, ist aber ein Move, den viele Menschen nicht vollziehen.

Also trau dich ...

Wenn du weißt, was dir Freude macht, überlege ganz ehrlich, wie oft du diese Dinge wirklich machst. Mach sie öfter!

Egal, wie simpel es klingt, probier es aus! Nimm dir jeden Tag ganz bewusst Zeit dafür. Wähle mindestens eine Sache aus deiner Liste und führe sie bewusst aus!

Seinen Fokus auf die Dinge, die einem Freude machen, zu lenken, verstärkt deine Freude bereits wie von Zauberhand. Zu wissen, was dir Freude bereitet, öffnet dein Bewusstsein für genau diese Frequenz täglich aufs Neue und die tägliche Handlung für freudvolle Aktionen gleicht einem lauten, fetten „Jaaaa!" zu deinem Leben voller Freude!

## Mach anderen eine Freude

Anderen Menschen eine Freude zu bereiten, ist ein wundervoller Katalysator für deine Freude und das Gute in der Welt! Kaufe doch im Laufe der nächsten Woche fünf Postkarten und sende sie an liebe Menschen! Du wirst erstaunt sein, wie viel Freude es macht!

Probiere es aus und du wirst dich freuen ...

*Arbeite, als bräuchtest du kein Geld;*

*liebe, als wärst du nie verletzt worden;*

*tanze, als würde niemand zuschauen.*

SATCHEL PAIGE

**Schreibe einen anonymen Brief an liebevolle Menschen**

Suche dir eine liebevolle Person aus, die du kennst und sehr magst. Schreibe ihr einen Brief am Laptop mit einer schönen, geschwungenen Schriftart und drucke ihn aus – natürlich ohne deinen Namen am Ende.

Schreibe der Person in jenem Brief, was du alles an ihr schätzt. Zähle ihre positiven Eigenschaften auf, mache ihr Mut und bekunde ihr all ihre tollen Seiten!

Drucke in der gleichen Schriftart ihre Adresse auf ein Papier und klebe sie auf einen Briefumschlag.

Sende ihr den Brief ohne Absender und Namen zu oder werfe ihn ein, wenn die Person in deiner Nähe wohnt. Du wirst erstaunt sein, was diese Handlung bewirkt. Probiere es aus und sende mir gerne ein Feedback dazu.

## Führe ein Dankbarkeitsbuch

Dankbarkeit ist und bleibt der Generalschlüssel zum Glück!

Sich täglich aufzuschreiben und bewusst zu machen, für was du dankbar bist, bewirkt noch mehr als du dir vorstellen kannst. Schreibe dir jeden Morgen fünf Dinge auf, für die du dankbar bist, und begründe es! Du wirst schnell spüren, wie die Freude dich begleitet.

*Da es sehr förderlich für die Gesundheit ist,*
*habe ich beschlossen, glücklich zu sein.*

VOLTAIRE

## Bedanke dich einen Tag lang bei all deinen helfenden Gegenständen

Klingt verrückt, ich weiß!

Jeden Tag verwendest du so viele Gegenstände, die dein Leben erleichtern. Egal, ob große Dinge wie dein Auto oder Fahrrad, kleine Dinge wie deine Zahnbürste, Geschirr und dein Handy oder wunderschöne, riesige Dinge wie deine Wohnung, die Straßen, auf denen du fährst oder alle Geschäfte.

Lass dich darauf ein und bedanke dich einmal bewusst dafür. In so vielen anderen Ländern dieser Welt würden die Menschen vor Freude ausrasten, wenn sie nur dein Badezimmer hätten.

Also teste es einmal ganz mutig und bedanke dich einen Tag lang bei all diesen Geschenken des Lebens – du wirst dich freuen wie ein Kind an seinem Geburtstag!

So oft halten wir Dinge für selbstverständlich und vergessen, welch große Geschenke uns jeden Tag gemacht werden.

Lass uns gemeinsam ganz langsam wieder die Achtsamkeit dafür schulen und unserer Freude durch Dankbarkeit folgen.

*Die Freude ist überall.*
*Es gilt nur, sie zu entdecken.*

KONFUZIUS

# Unsere große Reise

An dieser Stelle möchte ich mich von ganzem Herzen bei *dir* bedanken. Danke, dass du diese Reise mit mir gehst und mich begleitest. Nun bist du ein Teil meines Lebens und ich betrachte es als großes Privileg, dich an meiner Seite zu wissen.

Abschließend möchte ich dir noch zeigen, wo mich meine Reise hinführte.

Entgegen aller Erwartungen der Plattenindustrie gründete ich meine eigene Plattenfirma und lebe nun komplett frei und selbstständig von meiner Vision. Viele Experten sagten mir, dass es nicht möglich sei, ohne großen Vertrieb, Management und der Zusammenarbeit mit Multimilliarden-Dollar-Streaming-Unternehmen von seiner Vision leben zu können.

Es ist möglich!

Exakt diese Botschaft richte ich nun an dich: Egal, was du willst, vertraue darauf, dass es möglich ist. Du kannst und wirst es durch die Magie des Lebens und deine Hingabe, dein Vertrauen und deine Liebe möglich machen. Folge nur weiter den Zeichen und deinem Herzen!

# Das Alphabet des Universums

Nachdem ich meine eigene Plattenfirma gegründet und mein neues Album „Samurai – Zwischen den Welten" fertig produziert hatte, blieb die Frage nach einem festen, hochprofessionellem Tonstudio. Ich suchte ein Studio, das qualitativ den höchsten Ansprüchen gerecht wird, und in dem ich zugleich Gefährten für meine Vision finden würde.

Ich fragte also die größte Suchmaschine des Internets nach dem Begriff „Tonstudio Augsburg/München" und natürlich wurden mir hunderte Studios vorgeschlagen. Ich erkannte schnell, dass ich mit meinem Verstand hier nicht weiterkam, wusste jedoch sehr genau, dass mein Gefühl mich leiten würde.

Das Universum kommuniziert in meiner Welt durch kleine Funken der Freude, durch Gefühle von kurzen Euphorieschüben mit mir. Meiner Meinung nach sind Intuition und Inspiration das Alphabet des Universums. Also verließ ich mich auf exakt jenes Vertrauen und folgte meinem Gefühl.

Ich scrollte die Anzeige aller Ergebnisse der hunderten Studios durch, ohne sie wirklich zu lesen oder zu bewerten. Ich fühlte einfach und spürte auf Seite 7, beim etwa 80. Eintrag ein Kribbeln. Sofort klickte ich die vorgeschlagene Seite an und landete auf einer sehr altmodisch designten Webseite. Ganz im Ernst, die Seite sah so als, als wäre sie im Jahr 1997 programmiert worden. Dennoch spürte ich ein leises Flackern in meinem Inneren beim Betrachten des Tonstudios.

Also suchte ich die Telefonnummer heraus und vereinbarte einen Termin.

Als ich einige Woche später die Eingangsräume des Münchner Tonstudios betrat, traute ich meinen Augen kaum. An den Wänden hingen sehr viele Gold- und Platinplatten. Weltstars hatten ihre Alben und Singles dort aufgenommen und ich durfte einen großen Studiokomplex mit extrem professioneller Einrichtung und vielen außergewöhnlichen Studioräumen betrachten. Dann stellte sich mir mein Tontechniker Simon, welchen ich meinem Gefühl folgend angeschrieben hatte, vor und fragte zunächst vollkommen klar, mit einem verschmitzten Lächeln auf den Lippen: „Wie zur Hölle hast du unser Studio bitte gefunden?"

Ich antwortete ihm, dass ich lediglich meinem Gefühl gefolgt war und er erklärte mir, dass das Studio stets ausgebucht sei. Es handele sich quasi um einen Insidertipp und somit legen sie keinerlei Wert auf Werbung. Sie haben es einfach gesagt nicht nötig, auf sich aufmerksam zu machen und gefunden zu werden. Deshalb auch die veraltete Homepage. Interessant, dachte ich!

Schließlich fragte Simon, welche Art von Musik ich denn genau in seinem Studio mit ihm aufnehmen wolle und ich erklärte ihm, dass es sich um tiefgehende Texte, gepaart mit Elementen von Hip Hop und vor allem von Filmmusik handelt. Er lächelte.

Als ich genauer von meiner Vision sprach und ihm erklärte, dass ich die Kraft von Filmmusik mit bewegenden Texten als mein großes Medium sehe, wurde sein Grinsen immer breiter. Schließlich sagte er lächelnd: „Ich habe übrigens Filmmusik studiert!" Interessant, dachte ich erneut und musste freudestrahlend lächeln.

Abschließend fragte er mich, um was es in meinen Texten gehe und wie der Titel des Albums lauten solle. Ich erklärte ihm, dass das Album viele buddhistische Ansätze sowie altes Wissen transportiere und viele asiatische Elemente beinhalte. Als ich ihm den Titel „Samurai" verriet und schließlich von den Tugenden der Samurai sprach, erschien wieder dieses leuchtende Grinsen auf seinem freundlichen Gesicht.

Mit strahlenden Augen sagte er schließlich: „Das ist schon wirklich verrückt. Meine Frau ist Japanerin. Wir sprechen japanisch, sind sehr eng mit der japanischen Kultur vertraut und sind dort bis heute. Ich habe selbst in Japan gelebt und praktiziere seit langem Thai Chi." Einen besseren Tontechniker und Musiker hätte ich für meine Vision wohl nicht finden können. Wir verstanden uns sofort prächtig und er setzte das musikalische Werk meines

Albums großartig um. Wir lachten viel, tauschten uns auf höchst konstruktive Weise aus und waren fast schon traurig, als das Album fertig produziert und aufgenommen war.

Dieses Studio, diesen maßgeschneiderten Tontechniker und Musiker, dieses Ambiente und diese magischen Umstände hätte ich niemals mit meinem Verstand und einer sachlichen Überlegung anhand eines Google Rankings finden können.

Ich fand all das nur durch meine Intuition.

Durch die Zeichen des Lebens und durch meinen Mut, jenen Zeichen zu folgen.

Exakt so vollzieht sich mein Leben und es ist ein wahrer Freudenrausch, welchen ich täglich voller Demut und Dankbarkeit erleben darf.

# Meine Vision

Meine große Vision ist es, mit einem Orchester in Theatersälen und Opernhäusern großartige Konzerte voller berührender Momente vor tausenden Menschen zu geben und allen Besuchern ein unvergessliches Erlebnis auf allen Ebenen zu schenken. Jenes Ziel schien vor fünf Jahren noch unendlich weit entfernt und rückt nun in immer greifbarere Nähe.

Dies ist meine Geschichte, sie soll dir Mut machen für deine Geschichte!

Ich begann damit, kleine Theater zu mieten und fülle diese nach und nach mit immer mehr begeisterten Menschen. Ja, manchmal zittere ich bei den Kartenverkäufen und bin gelegentlich frustriert, dass mich kein Fahrstuhl in das Penthouse katapultiert. Dann erstarre ich vor Ehrfurcht, wenn ich vor 200 Personen in einem Theater spiele und wir alle gemeinsam mit Tränen in den Augen das Leben und dessen Wunder zelebrieren.

Mit jedem Jahr werde ich mutiger und miete weitere Theater voller Vertrauen, um meine Vision wahrwerden zu lassen. Ich vertreibe meine Alben nach wie vor ausschließlich über meine eigene Homepage und bin täglich tief berührt von der großen Unterstützung meiner Gefährten. Von überall erkennen die Menschen, dass es an der Zeit und mehr als gerechtfertigt ist, einen liebenden Menschen in seiner Vision zu unterstützen. Also suchen sie meine Seite und begleiten mich mit ihrer Liebe. Diese Geschichte ist nicht nur meine Geschichte, es ist auch deine Geschichte. Es ist der Weg des Lebens und ist das Ergebnis von Vertrauen. Das Ergebnis des Mutes, den Zeichen zu folgen, entgegen mancher Erwartung und entgegen vieler destruktiver Meinungen.

Du weißt, ich liebe die einfachen Dinge!

Erinnern wir uns daran, dass es wirklich einfach gehen darf und wir ein leichtes Leben führen dürfen – selbst wenn es manchmal schwer erscheint

Lass die Einfachheit zu, und genieße das Spiel.

Folge deinem Herzen.

Folge deiner inneren Stimme.

Folge den Zeichen des Lebens.

# Magie

Du selbst bist das Meisterwerk deines Lebens!

Du bist großartig!

Also folge der Magie des Lebens und entfalte dich weiter voller Freude!

Du bist ein Kind des Sternenhimmels.

Als du geformt wurdest, bist du aus einem unendlichen Feld der Liebe erschaffen worden. Du bist pures Sein, ein nie endender Raum voller Möglichkeiten.

Im Kern aller Dinge liegt ein und dieselbe Energie – der Raum purer Göttlichkeit!

Alles, woraus du bist, entstand aus jener Göttlichkeit. Die Magie des gesamten Kosmos vibriert in jeder deiner Zellen. Wenn du nachts in den Himmel blickst, fühlst du ein unbestimmtes Gefühl von Vertrautheit. Die endlose Weite des Raumes über dir spiegelt genau das wieder, was in dir liegt – was du selbst bist – nämlich göttliche Unendlichkeit!

Aus genau diesem Grund bist du in der Lage, zu erschaffen. So wie die Weite die Sterne erschuf, erschaffst du im Raum deiner Weite die Sterne deines Kosmos.

*Dein Potenzial wirkt schöpferisch,*
*erkenn die Göttlichkeit in dir und die Portale öffnen sich.*

SEOM

Du darfst kreieren.

Du darfst in Fülle erschaffen und genießen!

Du bekommst alles, was du benötigst, und wirst geführt werden.

Folge den Zeichen, welche sich dir offenbaren, voller Vertrauen und staune wie ein Kind.

Du besitzt großartige Fähigkeiten

Mit jeder großen Fähigkeit geht auch große Verantwortung einher. Wähle daher weise und erschaffe mit Bedacht.

Du sprichst die Sprachen aller Sterne – tief im kosmischen Gewebe. Entfalte dich, mein liebendes Sternenkind! Dafür bist du hier.

Tauche die Welt in Licht.

Im Zeichen des Guten.

# Nachwort

*Das Leben ist und bleibt voller Magie,*
*das sollte reichen!*

Folge den Zeichen

Wenn der Schleier sich lüftet und Formen verweht,
wenn der Zauber sich zeigt und der Vorhang sich hebt.
Wenn der Weg sich magnetisch im Licht transformiert
und das alte Alphabet sich still arrangiert.
Wenn du spürst, dass das Leben dich liebt
und du fühlst, dass uns mehr, als wir sehen, umgibt.
Wenn das Lied aller Zeiten erklingt zum Gebet
fühlst du, dass die Stille dich trägt.
Wenn der Himmel sich hebt, alte Angst still verfliegt,
und der Wind dir erzählt, dass alles sich fügt.
Wenn der Klang dieser Welt dir den Weg offenbart,
hinter jedem Fels und in jedem Flossenschlag.
Dann folge den Zeichen, sie zeichnen den Weg,
du wirst leuchtend begreifen, was keiner versteht.
Wenn der Schleier sich hebt, werden Wunder erkennbar
und verbunden, was im Dunklen getrennt war.

**Eine Stimme in dir weiß, dass du alles erreichst,**
**was du willst, weil dein Geist alle Schranken vertreibt.**
**Du kannst alles, alles, was du jemals wolltest, erreichen.**
**Vertrau deinem Herz und folge den Zeichen.**
**Folge den Zeichen - Folge den Zeichen -**
**Folge den Zeichen - Folge den Zeichen -**
**Folge den Zeichen, sie formen die Weichen,**
**weil die Kraft großer Herzen alle Wolken vertreiben.**

Wenn das Mosaik der Welt sich für dich komplettiert,
helles Mondlicht sich bricht und auf Glück fokussiert.
Wenn die Form sich verliert, alles golden vibriert
und die Kryptographie jedes Wort dekodiert.
Dann folge den Zeichen und deinem Bauchgefühl,
deine Stimme führt dich leise wie im Traum ans Ziel.
Aus dem alten Trauerspiel wird eine goldene Fabel
und dein Herz wird dich führen wie eine Kompassnadel.
Der Weg wird zur Reise und die Reise zum Weg,
wenn dein Zweifel sich legt und der Schleier sich hebt.
Empfang die Göttlichkeit so wie Santa Maria,
und dann öffne dich weit wie in der Bhagavad Gita.
Dein Atem sinkt tiefer und das Mantra der Lieder
führt dich in deine Stärke wie spartanische Krieger.
Forme deine Mudras wie die Arme von Shiva
und nutze deine Kraft wie bengalische Tiger!

**Eine Stimme in dir weiß, dass du alles erreichst,**
**was du willst, weil dein Geist alle Schranken vertreibt.**
**Du kannst alles, alles, was du jemals wolltest, erreichen.**
**Vertrau deinem Herz und folge den Zeichen.**
**Folge den Zeichen - Folge den Zeichen -**
**Folge den Zeichen - Folge den Zeichen -**
**Folge den Zeichen, sie formen die Weichen,**
**weil die Kraft großer Herzen alle Wolken vertreiben.**

Was ist deine Priorität?
Das Spiel wird spielend leicht, wenn man wieder spielen versteht.
Such nicht im Außen der Welt, die so vieles erzählt.
Betritt den Raum in dir selbst wie eine Bibliothek.
Wenn das Netz aller der Dinge den Schleier enthüllt
und eine flüsternde Stimme dir zeigt, was du willst.
Wenn der Zweifel erlischt und der Pfad sich entfaltet,
und Gewissheit dich magisch begleitet.
Wenn sich Licht aus dem Schatten erhebt, jede Maske sich dreht
und sich ausdehnt auf alles, was lebt,
Wenn der ganze Planet aus den Formeln der Kraft
neue Formen erschafft und sich wandelnd bewegt.
Das Alphabet des Universums ist Intuition
und deine Gedanken sind wie Tintenpatronen.
Folge den Zeichen, sie werden dich führen,
so schließen sich Kreise und öffnen sich Türen.

Eine Stimme in dir weiß, dass du alles erreichst,
was du willst, weil dein Geist alle Schranken vertreibt.
Du kannst alles, alles, was du jemals wolltest, erreichen.
Vertrau deinem Herz und folge den Zeichen.
Folge den Zeichen - Folge den Zeichen -
Folge den Zeichen - Folge den Zeichen -
Folge den Zeichen, sie formen die Weichen,
weil die Kraft großer Herzen alle Wolken vertreiben.

## Und hier kommt mein GESCHENK für DICH

Exklusiv für die Leserinnen und Leser meines Buches!
Als Download: **www.seom-music.de/folge-den-zeichen.mp3**
Oder hol dir den Song direkt auf dein Smartphone:

## Über den Autor

Der Songwriter, Künstler, Referent und
Autor SEOM – mit bürgerlichem Namen
Patrick Kammerer – wurde 1983 geboren
und schrieb seine ersten Texte und eigenen
Songs im Alter von 14 Jahren.
Er sieht sich als „Brückenbauer" der neuen
Welt und möchte die Menschen in der hei-
ligen Zeit der Transformation begleiten.

Bis zum Jahr 2020 veröffentlichte SEOM 20 Alben unter verschiedenen
Pseudonymen und gewann regelmäßig Songcontests und musikalische
Wettbewerbe. Zudem schrieb er diverse Songs für öffentliche Projekte
im deutschsprachigen Raum.
SEOM schafft es, mit seiner Musik und seinen Texten die Menschen
tief im Herzen zu berühren und sie dabei zu unterstützen, ihre wahren
Potenziale zu entfalten. Seine Absicht ist es, mit seiner Musik einen
Unterschied im Leben anderer Menschen zu bewirken, einen bleiben-
den Abdruck seiner Seele auf der Erde zu hinterlassen und die Men-
schen kraftvoll sowie sinnlich zu bewegen.

*Menschen mit meinen Büchern, meiner Musik und meinen Worten
glücklich zu machen und zu begleiten, ist ein heiliges sowie
hingebungsvolles Motiv meines Handelns. Musik und Schreiben sind
meine Berufung, eine Herzenssache und ein kreatives Feld,
in dem ich meine Träume verwirkliche. Die Magie des Lebens wird
mich weitertragen, um meine Vision zu erfüllen ...
... im Zeichen des Guten und im Namen der Liebe.*

*Du hast ein grandioses Leben verdient!*

Der große *Online – Kurs*
*„Entfalte dich!"*

Erfahre tiefe Inspirationen mit über
40 Videos, praktischen Übungen,
Seminarinhalten & Meditationen!

Das gesammelte Wissen
zusammengafasst in

*Seom`s Schatzkiste*

Alle weiteren Informationen unter
www.seom-music.de

## FEEL GO(O)D

Jedes Kapitel des Buches basiert in
der Essenz auf einem Songtext seines
Albums „Spirit". Enthalten sind **autobi-
ografische** Elemente, wissenschaftliche
und spirituelle **Gesetzmäßigkeiten** des
Lebens, die **Songtexte** und passende
**Praxisübungen**, um die vermittelten
Weisheiten im eigenen Alltag integrie-
ren zu können. So ist ein Buch entstan-
den, das sowohl persönlich als auch
sachlich und poetisch die Sinne seiner
Leser als **Gesamtkunstwerk** anspricht – erstaunlich und begeisternd.

Hardcover, Leseband,392 Seiten, ISBN 978-3-931560-57-7

## DAS HÖRBUCH

Patrick hat für das Hörbuch spezielle Kapitel aus „Feel Go(o)d"
ausgewählt. Er liest für uns authentisch und voller Liebe.
Untermalt ist das Hörbuch mit Musikstücken
der beiden CDs „Heart of Gaja" und „Gaja
Terrana" von Sayama.
*„Es ist ein ganz besonderes Hörerlebnis, das
beim Lauschen tief berührt und in einen medi-
tativen Zustand führen kann."*

**Doppel-CD**, Spieldauer ca. 2 Std.
ISBN 978-3-931560-58-4

Auf unsere Homepage
gibt es zahlreiche inspirierende Bücher und CDs.
Wir freuen uns auf euren Besuch!

## www.sheema-verlag.de

KONTAKT

**Sheema Medien Verlag**
Bücher. Aus Liebe.
Hirnsbergerstr. 52
D - 83093 Antwort

Tel.: 08053 - 7992952

E-Mail: info@sheema.de
https://www.sheema-verlag.de

## SHEEMA

MÖGEN ALLE WESEN GLÜCKLICH SEIN